狂気と王権

井上章一

講談社学術文庫

目次

狂気と王権

第一章　オカルティズムと宮廷人

元女官長の不敬事件

かつて、不敬罪という罪があった。皇室の尊厳をけがすようなふるまいや言辞には、厳罰をもって対処する。死刑でのぞむこともある。そんなきびしい罰則が、旧憲法下の刑法には規程されていた。天皇制をまもるための法的措置である。

多くの皇室にはむかったひとびとが、この法律で断罪されてきたことは、よく知られていよう。だが、不敬罪にひっかかったのは、そういう反体制分子だけではなかった。尊皇思想の持ち主や宮廷関係者のなかにも、不敬容疑で逮捕された者はいる。たとえば、島津ハルも、そんなあつかいをうけたうちのひとりであった。

一九三六（昭和十一）年八月二十九日のことである。全国の新聞は、いっせいに彼女の検挙を報道する。たとえば、こういう見出しで。「元女官長島津女史　不敬容疑で留置さる」（『大阪朝日新聞』）。

「元女官長」……。そう、逮捕されたのは、以前宮内省で女官長の要職についていたことのある女であった。皇室につかえ皇室をささえたことのある者が、つかまったのである。それも、よりによって不敬罪などという罪名で。おどろくべきできごとではあった。当時の新聞が、この事件を大きくとりあげたのも無理はない。

しかも、ハルは旧薩摩藩国父・島津久光の孫である。亡夫の長丸も、薩摩宮之城出身の島津家一門であり、男爵位をさずかっていた。

当時の香淳皇后も、ハルの縁戚筋にあたる。皇后の母は、久邇宮《くにのみや》家に嫁した島津俔子《ちかこ》。久光の兄・斉彬《なりあきら》の孫である。皇后からみれば、ハルが従叔母になる。不敬事件の主役がそんな血筋の女だったということも、ジャーナリズムの好奇心をそそっただろう。

島津ハルの経歴を、もうすこしくわしく書いておく。

生まれたのは、一八七八（明治十一）年。男爵・島津長丸と結婚してからは、女子教育の事業に熱をいれている。自ら鶴嶺女学校を創立して校長職をつとめるなど、教育家として知られていた。

一九二三（大正十二）年の八月には、宮内省御用掛の命をうけている。のちの皇后、当時の皇太子妃と血がつながるせいだろうか。まもなく、東宮妃付女官長に就任した。

皇太子・裕仁《ひろひと》が天皇になったのは、一九二六（大正十五・昭和元）年の年末である。とうぜん、皇太子妃も皇后の座についた。ハルも、翌年の三月には皇后宮職女官長に、任ぜられている。

その同じ時に、しかし彼女は宮内省をしりぞいた。同年の二月に夫が病死し、家事上の都合で女官長職をつづけられなくなったからである。形式的には、皇后宮職女官長拝命の上で、依願免官というてつづきになる。辞職していくハルの、その花道をかざる処遇だったのかもしれない。さらに、特旨をもって勲四等宝冠章も、もらっている。おしまれての、退職だったということか。

宮内省を出てからは、ふたたび育英事業にかかわった。大日本聯合婦人会理事長、日本聯合女子青年団理事などの役職に、おされたりもしている。婦人界に重きをなす、いわゆる名流婦人の典型だといっていいだろう。

たいへんな経歴である。不敬というイメージとは、なかなかつながりにくい。いったい、そんな名流婦人が、どうして不敬罪のうたがいで拘禁されたのか。どんな不敬をはたらいたのか。誰しも、いぶかしく思うところだろう。

当時の新聞は、「元女官長」の検挙を特筆した。だが、この事件でつかまったのは、島津ハルだけではない。ほかにも、三人の女が連座した。前代議士・高橋保の妻むつ子と祈禱師の角田《かくた》つね、そして皇訓教会主・富田貢の長女倭文子。ハルは、以上三名といっしょに、逮捕されていたのである。

祈禱師が連座する……。なにやら、オカルトめいた話である。じっさい、彼女たちは、あるオカルト・グループをつくっていた。不敬容疑の対象となったのも、彼女らの宗教的な言辞である。

事件をつたえる新聞には、当局者の談話ものっている。

「上田特高部長および毛利特高第二課長は語る」という書きだしにはじまるコメントである。これによれば、四人の女たちは、つぎのようないきさつであつまるようになったらしい。

「今回の検挙の中心人物である角田が二年前に三重県亀山で霊感によって東京に島津という偉大な女性があることを知り、霊の交感を望んで上京して島津に会うと島津もすでにその霊感があったので二人は神霊の不可思議に驚愕して霊の世界に入ったといっている、島津は明治神宮ミソギ会の会員なので同会員の高橋、富田の両名を仲間にし……」(同前)

祈禱師の角田が、霊の交信で島津ハルと知りあった。そして、島津の知人たちをひきこんで、オカルト的なグループを形成したという。

では、彼女たちのどこに、不敬とされる言動があったのか。上田と毛利の談話は、こうつづく。

「角田、島津、高橋の三名はそれぞれ神の霊統と称し各祭壇を設け、島津、高橋の両家で時折り会合し国体明徴について論談し紊《みだ》りに神託なりと僭称し荒唐無稽の事項を放言し各種の生霊、邪霊、怨霊などの霊感ありと称して人を惑わす言動あるのみならず甚《はなは》だしきは畏《かしこ》くも皇室に対し奉り不敬にわたる言説がある……皇統について論及し神がかりであるため不敬の言辞が多い」

霊告、あるいは神がかりの時に、皇室や皇統をおとしめる言葉をはいていた。それが不敬にあたるというので、逮捕されている。

べつに、皇室をおおっぴらに誹謗したりしていたわけではない。小さいサークルでの言辞であるにとどまる。わざわざ、連行するほどの事件かどうか。疑問に思うむきもあろう。だが、当時の不敬罪は、非公開の言葉にたいしても適応しえた。それこそ、手紙や日記の文句でも、この罪に問われることはありえたのである。

それにしても、彼女たちは具体的に、どのような不敬をはたらいたのだろうか。霊告や神託に、それがあったという。では、それはいったいどういった内容の言葉だったのか。

新聞報道は、その点について、なにも語らない。上田と毛利の談話も、まったく口をつぐんでいる。ただ、不敬な言動があったというだけである。その中身には、言及していない。なにか、公表をはばかるような事情でもあったのだろうか。

高松宮の神政を霊示する

島津ハルらのこの事件を、記録にとどめた資料はあまりない。内務省警保局の『社会運動の状況』も、わずかにその概要をしるすのみである。不敬の具体的な内容には、たちいっていない。どうやら、当局側の文書類も、この事件にふれることをいやがっているように見える。

例外が、ひとつある。当時、内大臣秘書官長をつとめていた木戸幸一《きどこういち》の日記が、それである。

木戸は、日記のなかで、警視庁調書を部分的にうつしとっている。島津ハルに関する取り調べの記録を、要点だけ書きだしていた。「島津治子聴取書」としるされたところが、それである。一九三六（昭和十一）年十二月三十一日の記事を書いたあとへ、「月日不明」として記載されている。

それによると、ハルは「私達の仕事を要約すれば」こうなると、取り調べでこたえていた。

「天皇陛下は前世に御因縁あり、国体明徴維神の道は立て得させられず、早晩御崩御は免れず……国体明徴維神の道を立つるには、高松宮殿下を擁立しなければならぬ」

すさまじい内容である。昭和天皇は、前世の因縁によって、まもなく死ぬ。自分たちはそのかわりに、弟の高松宮を擁立したいという。

さらに、ハルは昭和天皇の死を、つぎのようにも予言していた。すなわち、「崩御の時期は、十五年後と思わる」と。十五年後、すなわち一九五一（昭和二十六）年が、死の年にあたるというのである。『木戸幸一日記』には、祈禱師・角田つねの取調記録も、ぬき書きされている。それには、こうある。

「国体明徴は、現皇統には高松宮殿下を措いて他になし……島津ハル、角田ツネ、高橋むつ等の霊感によれば、昭和維新の断行、神政の成就は、皇太子御七才の時に始り、昭和二十年完成す。之れ即ち神政の実現なり……大正天皇は因果律に因り崩御されたり。今上陛下又因果律の素因ありと為す」

これまた、たいへんな予言である。皇太子七歳の時、すなわち一九四〇（昭和十五）年に、神政がはじまる。そして、一九四五（昭和二十）年には、高松宮が新天皇になっているというのである。

昭和天皇を排斥し、高松宮を奉じる。あからさまに政治的な霊告である。新聞をつうじて、国民に知らせることができなかったとしても、不思議はない。この内容なら、隠蔽しておきたくなる気持ちもわかる。当局が、公式記録にのこしたがらなかった理由も、読めてくる。

この前年に内大臣を辞任した牧野伸顕《のぶあき》も、事件のあらましを聞いていた。新聞で報道される、その前日のことである。牧野は宮内省の広幡大夫から、つぎのように報告をうけたと、自分の日記に書いている。

「今後宮中の事に付文書若《も》しくは口述の及ぶ事あらば、一切之を記録せざる事に打合済みなり。又本件の取扱いは総監及課長等親《みずか》ら之に当り、出来る丈《だけ》慎重に処置すべきに付此点も安心致し呉れとの事なりし」（『牧野伸顕日記』一九三六年八月二十八日）

記録には、いっさいのこさないという。当局者たちは、はじめからそんな方針で、事件にのぞんでいた。ハルらのことをしるした資料が、ほとんど見あたらないのもそのためである。

それにしても、昭和天皇の死を予告するという内容には、うならされる。もし、こんな内容の話を、神託と称して日常的に語りあっていたとしたら、不敬罪のうたがいをかけられるのも、無理はない。警察が逮捕にふみきったのも、うなずける。

いや、不敬容疑などというどころの話ではない。彼女らは、取調べの席でも、どうどうとその霊告について語っている。かくさずに、しゃべっているのである。れっきとした不敬罪だと、そう言わざるをえない。

にもかかわらず、彼女たちは不敬罪にならなかった。のみならず、そもそも罪にさえ問われていない。まったくの無罪だったのである。いったい、なぜか。どうして、これだけの罪状が不問に付されたのか。

入院は、検事総長が決定した

一九三六（昭和十一）年九月二十五日の新聞は、そのあたりの事情をつぎのようにつたえている。

「島津ハル女史、高橋むつ子夫人、角田つねら三名の邪教不敬事件について警視庁特高部ではすでに取調べを終了し……島津女史らの精神鑑定を行うことに決定……三名とも精神異常者と決定した……三名とも入院加療を必要とすることが判明したので更に警視庁では検事局と協議をとげたが一件記録は診断書を添付し不起訴意見付で送致することに決定した、かくて侘しい二十九日にわたる留置場生活を過した島津ハル女史は……二十四日夜ついに松沢病院に送られた」（『大阪朝日新聞』）

三人とも、精神異常者だったという。治療が必要なので、松沢病院に入院させられたらしい。なお、松沢病院は日本を代表する精神病院である。所在地は、東京都世田谷区の上北沢。大宅壮一文庫の目の前にあるので、マスコミ関係者には、ひろく知られた病院である。

さて、いっぱんに、精神の障害で識別力をうしなった状態を、心神喪失とよぶ。そして、その心神喪失者には、法律上の責任が追及できないことになっている。もちろん、刑事責任も問えない。この点は、島津ハルらの事件当時も、今とまったく同じである。

彼女らが、心神喪失の状態にあったとすれば、不起訴処分もじゅうぶんありうる。どうせ、訴訟へもちこんでも、無罪になってしまうのである。検察側が、裁判をあきらめたとしても無理はない。

にもかかわらず、彼女らの入院と不起訴をうさんくさい目でながめる者はいる。たとえば、松本清張の『昭和史発掘』がそうである。清張が、二・二六事件関係の資料収集に力をそそいでいたことは、よく知られている。『昭和史発掘』も、そんな作業の記念碑的成果だといえる。

清張はこの労作で島津ハルらの事件も、とりあげた。そして、その背後に、二・二六事件とも間接的につながりうる情勢を、読みとろうとしている。おそらく、島津ハルらのことを、こうした文脈で調査した最初の仕事であろう。私じしん、彼女らのことは『昭和史発掘』を読むまで、まったく知らなかった。

さて、清張はこの時の精神鑑定に、疑問を呈している。「被疑者を精神病者にして事件をウヤムヤのうちに葬ろうとする意図がみえる」。彼女らが精神異常とされたのは、当局のでっちあげだったのではないかというのである。

皇室ルポで知られる河原敏明などは、もっと大胆な指摘をおこなっている。「島津もまた〝精神異常者〟という名で、病院に隔離された。皇室関係事犯者への常套的な処置だった」というのである（『天皇裕仁の昭和史』一九八三年）。

健康な者を、政治的な理由で精神病者にしてしまう。病気でもないものを、事件を表沙汰にしたくないから、精神病院へおくりこむ。しかも、警察が。いったい、そんなことがありうるのだろうか。

ざんねんながら、松本清張も河原敏明も、明確な証拠は呈示していない。実証ぬきで、精神鑑定のでっちあげを示唆し、あるいは断定するにとどまっている。健常者が精神異常者にさせられたと、そう論証できているわけではない。

それにしても、じっさいのところは、どうだったのだろう。ほんとうに、彼女らの精神異常という鑑定は、捏造されたものだったのか。

木戸幸一が、日記のなかへ島津ハルらの調書を書きうつしていたことは、すでにのべた。だが、木戸がこの件に関してメモをとっていたのは、既述の調書だけではない。ほかのところでも、ハルの名前はよく出てくる。木戸が彼女の動向に関心をよせていたことは、日記を読めばよくわかる。

最初に彼女の名前が登場するのは、一九三六（昭和十一）年六月二十九日。「十時半、広幡侯来室、島津治子の行動につき、注意を要する点あり、打合す」とある。そして、それ以後、木戸は島津ハルのうごきを、注視するようになっていく。

逮捕後は、彼女のとりあつかいについて、各方面と相談するようにもなった。その詳細は、またあとでのべることにしよう。ここで注目したいのは、九月二十二日の記録である。木戸は、その日記に、こう書きとめた。

「島津治子は、検事総長［光行次郎］の意見にて警視庁にて精神鑑定をなし、病院に監置することとなり、二十五日に実行する筈」

警視庁で精神鑑定をしてから、病院へ収容する。検事総長の発案で、そんなてはずをきめていたという。

だが、どうだろう。二十二日の段階では、まだ精神鑑定がなされていない。そんな時に、どうして入院の段取りがきめられるのか。

じっさい、鑑定の結果が軽症だということになれば、裁判をあきらめなくてもいい。不敬罪で起訴にもちこむことは可能だし、ふつうならそうするだろう。にもかかわらず、三日後には入院させようという手順が、ととのった。当局者は入院治療が必要だという鑑定結果を、鑑定前の段階で予期していたのである。

では、どうしてそんなことができたのか。なぜ、専門の医者でもない検事総長たちに、そんな見とおしがたったのか。

ふたとおりの解釈が、考えられるだろう。まず、島津ハルの症状が、たいへん悪かったというケースが、想定しうる。わざわざ、専門家が鑑定をするまでもない。しろうと目にもはっきりそれとわかるくらいに、人格の荒廃がすすんでいた。もしそうだったとすれば、鑑定前に入院を予期できたとしても、うなずける。

あとひとつの可能性は、でっちあげである。当局者たちは、ある政治的な配慮から、この事件が法廷にあがることを、きらっていた。できれば、うやむやにしておきたいと、ねがっていた。そこで、裁判をさけるための便法を思いつく。起訴前鑑定の段階で精神異常者だといいくるめ、訴訟を回避するというてだてである。

この場合でも、検事総長たちはハルの入院を、鑑定の前に予測することができただろう。いや、予測うんぬんなどというどころの話ではない。こう仮定すれば、彼らじしんが入院をきめたことになるのである。病院への収容が、事前にとりざたされたのも、とうぜんのなりゆきとして、了解されよう。

そして、考えられる可能性は、このふたつしかない。ハルはしろうと目にもわかるくらいに、重症だった。あるいは当局がでっちあげをおこなった。そのうちの、どちらかである。それ以外の解釈はありえない。

島津ハルは「快癒」する

さて、『木戸日記』では、九月二十五日に精神鑑定をおこなう予定になっていた。だが、じっさいには、それより一日早い二十四日に、なされている。予定が一日くりあげられた理由は、わからない。

島津ハルが鑑定をうけたのは、青山警察署であった。二十四日、午前八時からのことである。そして、ただちに感応性精神病（祈禱性精神病）と、診断された。そして、同じ二十四日の午後八時には、松沢病院の病室へ入っている。たいへん迅速な処置ではあった。

この間のいきさつは、翌二十五日の各紙に、くわしく報道されている。それらによれば、じっさいにハルの鑑定を担当したのは、「警視庁衛生部金子技師」であった（『読売新聞』）。その金子が、ハルの所見について、つぎのような新聞談話を披露している。

「島津女史の感応性精神病というのは後天的のもので……信仰上の妄想幻覚はまだ強固のようだがこの病気は快癒しうると考えられる」（『大阪朝日新聞』）

いずれはなおるだろうと、専門家には見当をつけることができた。なんとも楽観的な予測である。そんな予想がなりたつぐらいに、症状は軽かったということか。すくなくとも、人格崩壊をきたすような重症だとは、とうてい思えない。

当時のハルを知るひとによれば、彼女はすぐに退院したという。そして、退院後は、まったくの健常者として、ふつうにくらしていたらしい。文字どおり、「快癒」したのである。

じっさいには、入院などしなかったのではないかと、当時を回想するひともいる。松沢病院への収容というてつづきだけはとったが、それはまったく形式的な処置だった。現実には、自宅での生活をつづけていたらしいというのである。

もっとも、この情報は未確認。正確な退院の日時も、しらべきれなかった。この点についての事情にくわしい方がおられれば、ぜひとも御一報をいただきたい。

ともかくも、ハルの症状が、さほど重くなかったことだけはたしかである。こうなれば、症状が重そうだから鑑定前に入院の段取りがきまったという話は、なりたたない。とすれば、のこる可能性はひとつだけである。すなわち、ハルには異常者のレッテルをはることが、既定の方針になっていた。鑑定即入院という手順が事前にきめられたのも、そのためにちがいない。

いっぽんに、起訴前鑑定の時点で検察側が訴訟をあきらめるのは、重症の場合にかぎる。どうがんばってみても、心神喪失で無罪になってしまう。それが明白な時は、不起訴ということもありうるだろう。

だが、心神耗弱《こうじゃく》で減刑されるかもしれないという程度なら、話はちがってくる。そのぐらいの症状だと、訴訟にふみきるはずである。

もちろん、そのことはこの事件についてもあてはまる。なにしろ、容疑者は「快癒しうる」と予想ができる程度の症状しか、しめしていなかった。心神喪失で検察の敗訴が必至だというケースでは、けっしてない。裁判へもちこむねうちは、十分にある。にもかかわらず、当局者はそれをしなかった。裁判を回避したかったためだなと、どうしても思えてくる。

九月二十四日付の『牧野伸顕日記』に、興味深い記録がある。以下にそれをひいておく。

「聖上陛下御発輦《はつれん》に付奉送す。[広幡]大夫機を見て小生に近づき、愈々《いよいよ》治子女史精神云々にて釈放、直に病院に送付の事に決定の旨内告あり。小生も大に安心せり」

いよいよ、ハルを精神病で病院におくることとなった。牧野は広幡から、そんな報告をもらっていたという。広幡もまた、鑑定の前に入院の決定を知っていたということか。

この知らせを聞いた牧野は、ほっとした。「大に安心」したのである。裁判ざたにならなかったのを、よろこんでいたのだろう。そして、この「安心」は、ひとり牧野だけの気持ちではなかったと思う。おそらくは、事件に関与した当局者みんなが、共有していた心理だったのではないか。

警視庁や宮内省の上層部は、島津ハルの件について、ひんぱんに会合をもっていた。『木戸日記』から、逮捕後にひらかれたうちあわせの記録をひいておこう。

「内大臣を室に訪《とぶら》い……島津の件を打合す」（九月四日）

「後藤隆之助氏来庁、島津治子の件につき懇談す」（九月七日）

「内藤警察部長来室、島津治子の件につき其後の情況話あり」（九月十二日）

「広幡大夫と島津治子の件につき打合す」（九月十五日）

「石田総監、上田特高部長に白根次官、広幡大夫、内藤部長、大金［益次郎］事務官と共に会見、島津治子の其後の経過を聴き、今後の措置につき意見を交換す」（九月十八日）

「大臣室に次官、広幡大夫と共に参集、島津治子の件につき打合す」（九月十九日）

ずいぶんあわただしい会合ぶりである。そうとう協議をつみかさねたことが、よくわかる。そして、検事総長が「精神鑑定をなし、病院に監置」という方針をだしたのは、このあとであった。相談に相談をかさねたうえで、きめられたやり方だったのである。

通常の起訴前鑑定にさきだって、これだけのうちあわせがなされることは、まずない。そもそも、検事総長が医師の鑑定より前に入院をきめるということじたいが、不可解である。こういう情況で、鑑定医が純粋に医学的な所見を下しえたかどうか。おおいに、あやぶまれる。検事総長の既定方針には、医学上の診断結果がどうあれ、したがわざるをえなかったのではないか。

繰り返すが、鑑定を担当したのは「警視庁衛生部金子技師」である。警視庁の金子……。精神医学にくわしいひとなら、これだけで、ああ、あのひとかと思うことだろう。そう、あのひと、金子準二がこの鑑定をおこなった。

金子準二は、精神医学界の重鎮である。戦前には、松沢病院医長、警視庁技師、東京都技師などを歴任。戦後は、東京精神病院協会や日本精神病院協会の創立にも、貢献した。日本・東京両精神病院協会の理事長役も、長年にわたってつとめている。著作も多い。

「精神鑑定をなし、病院に監置」という方針を聞かされた時、どんなことを思ったたろう。また、新聞へ「快癒しうる」と応じた時の気持ちは、どうだったのか。医師であり、警視庁という役所にもつとめている、そんな立場の葛藤がしのばれる。

天津教と神政竜神会は起訴された

さして重症とも思えぬ容疑者を、入院させてしまう。しかも、専門の医者が鑑定をおこなう前に、そのことを決定する。ずいぶん強引な処置である。精神医学の立場を、ないがしろにしたやり口だといってもよい。

それだけむちゃなことをしても、とにかく島津ハルらを裁判にはかけたくなかった。そんな当局の強い意向が、ひしひしとつたわってくる事件だといえる。

ではなぜ、当局者は訴訟沙汰をきらったのだろう。容疑者をむりやり入院させてまで、裁判を回避した。その理由に興味がわいてくる。

島津ハルらがつかまったのは、不敬罪のうたがいがかけられたからである。だが、この時期に不敬容疑で検挙されたのは、彼女たちだけではない。ほかにも大勢、とりわけ、宗教関係者には、たくさんいる。

代表的なのは、なんといっても大本《おおもと》教であろう。この宗派が、いわゆる大本不敬事件で当局から大弾圧をうけたことは、よく知られている。とくに、一九三五（昭和十）年の第二次弾圧は、徹底的だった。当局は、亀岡と綾部の教団施設を、すべてダイナマイトで破壊させている。さらに、出口王仁三郎《でぐちおにさぶろう》以下六十一名の幹部を、起訴させた。不敬罪と治安維持法違反の容疑である。

翌、一九三六（昭和十一）年二月には、天津教《あまつ》の竹内巨磨《きよまろ》が、不敬罪で逮捕されている。そして三月には、神政竜神会の矢野祐太郎が、同じく不敬罪でつかまった。天津教は、修験道系の新宗教である。いわゆる超古代史の珍説を、たくさんまきちらしたことで、知られている。いわく、広島県の葦嶽は、古代日本のピラミッドであった。青森県の戸来村《へらい》（現・新郷村）はヘブライの謂であり、そこにはイエス・キリストの墓がある。とまあ、以上のような奇説で、古史古伝のマニアにはおなじみの宗派である。

不敬罪の理由は、伊勢神宮の権威と三種の神器をないがしろにした布教活動にある。竹内巨磨は茨城県磯原町（現・北茨城市）の自宅に神殿をつくり、これこそが皇祖皇大神宮だと称していた。また、さまざまな古器物をあつめ、その神聖さを大々的に宣伝してもいる。皇室の尊厳をけがしていると判断されたのは、それらの点である。さらに、神武天皇以来の皇統を否定する『竹内文献』も、不敬容疑の一端をになったろう。

神政竜神会を組織した矢野祐太郎は、もともと大本教の信者であった。だがのちには大本からはなれ、天津教に接近する。そして、天津教と大本教の教義を折衷して、神政竜神会を設立した。

大本教と天津教がミックスされた以上、その教義にもとうぜん不敬めいた色合いは出るだろう。じじつ、さきにものべたように、この宗派も三月には、主幹の矢野らがつかまった。

神政竜神会不敬事件については、『木戸日記』のなかにも、メモがある。九月十四日のところにはさみこまれた記録である。それによれば、つぎのような「不敬罪ノ内容」もあったらしい。

「畏《かしこ》クモ、皇太后陛下、秩父宮殿下、同妃殿下ニ於カセラレテハ自由主義思想ヲ抱持セラレ、我国ノ惟神道ヲ『オミット』スル云々ノ文言アリトノコトニテ、此点極メテ不敬ニ渉ルモノナリ。又治安維持法違反ハ『神政内閣』組織云々ニ関スル計画内容ニシテ、目下引続キ取調中ニアリ」

あきらかに、皇族を誹謗している。のみならず、「神政内閣」なる構想もいだいていた。当局が、逮捕にふみきったのも、そのせいであろう。

神政竜神会には、皇道派の海軍大将・山本英輔も入信していた。興味ぶかいことに、山本は二・二六事件の決起者によっても、維新内閣の首班に想定されている。そんな人物をひきこんだ宗派が、「神政内閣」を提言していたのである。当局が神経をとがらせたとしても、無理はない。

そういえば、天津教にも陸軍の皇道派が顔をだしていた。主だったところでは、荒木貞夫、真崎甚三郎の両陸軍大将があげられる。さらに、右翼の大物・頭山満《とうやまみつる》も、この宗教には興味をよせていた。二・二六との接点は、ここでもじゅうぶん想定できたのである。

天津教と神政竜神会の話を、えんえんとのべてきたのにはわけがある。じつは、島津ハルらの事件も、この両宗教と密接なつながりをもっていた。もういちど『木戸日記』を読んでみよう。九月十二日の条には、こんな記載事項がある。

「十時、内藤警察部長来室、島津治子の件につき其後の情況話あり。此件は神政竜神会の矢野［祐太郎］、天津教にも関係ある模様なり。島津は矢野とは五、六回も会見せり——島津は将来自分が再び女官長となり、山本［英輔］大将が侍従長となる等と述べ居ると云う」

彼女もまた、神政政治のリーダーに、山本英輔をかつごうというもくろみをもっていた。二・二六の反乱軍や神政竜神会の矢野らと、同じ構想をいだいていたのである。さらに、天津教とも気脈をつうじていた。どうやら、島津ハルらも、天津教や神政竜神会の事件と連動して、逮捕されたらしいのである。

にもかかわらず、天津教の竹内巨磨も神政竜神会の矢野祐太郎も、起訴された。不敬だということで、法廷へつきだされたのである。起訴前鑑定の段階で、病院へおしこまれたりはしなかった。新宗教の不敬という点では、同じような事件だといえよう。だが、精神異常という名目で裁判からはずされたのは、島津ハルらだけだった。

きみょうな話である。竹内も矢野も、ともに霊界と交信しあう宗教者であった。当局さえその気になれば、祈禱性精神病という名目はたったはずである。じじつ、島津ハルにたいしては、その病名をあてていた。だが、竹内や矢野にたいしては、そうしない。そのまま、起訴へもちこんでいる。

とくに不可解なのは、竹内巨磨のケースである。彼の言辞は、まったくの誇大妄想といった様相を呈していた。敗戦後に彼と面会した占領軍民間情報教育局（ＣＩＥ）のＷ・ヴァンスも、その印象をこうのべている。「やや精神分裂症的、誇大妄想気味の人物」だと（秦郁彦『昭和史の謎を追う』一九九三年）。祈禱性精神病という名目は、島津ハル以上にたてやすかったかもしれない。

しかし、当局は竹内を精神異常者あつかいに、しなかった。入院させたりせずに、裁判へかけている。そして、一九四二（昭和十七）年には、伊勢神宮への不敬で懲役一年の実刑判決を、つきつけた。ハルらにたいするのとは、ずいぶん対照的なとりあつかいだといえる。

話はとぶが、かつて天理研究会という宗教グループがあった。その代表格である大西愛治郎も、不敬罪容疑で起訴されている。一九二八（昭和三）年のことである。そして、二年後の一九三〇（昭和五）年には、無罪がいいわたされた。大審院は、心神喪失で罪に問えないという判決を、下したのである。

けっこう重症だったのだろう。だが、そんな容疑者でさえ、当局は裁判にかけていた。そう、すこしくらいの精神異常なら、訴訟へもちこむほうがふつうなのである。だが、当局は島津ハルに関するかぎり、それをはばかった。なにか、よほど特殊な事情があったのではないかと、考えざるをえない。もっとも、大西の鑑定だって、詐術のうたがいがないわけではないのだが。

天津教と神政竜神会は、ともに島津ハルらと接触をもっていた。山本英輔をはじめとする軍部皇道派に、シンパシーをもつという点でも、通底しあっている。ハルらの検挙も、天津教や神政竜神会への手入れと、連動していることはまちがいない。

不敬にあたる教義や皇道派の政治的なうごきを、裁判で表沙汰にするのをはばかった。だから当局は、ハルを入院させたのではないかと、考えるむきもあろう。しかし、そうした配慮が第一にあったとは、考えにくい。

もし、そのような隠蔽工作を当局がもくろんでいたとしたら。とうぜん、天津教や神政竜神会の教祖、あるいは幹部たちも入院させられたはずである。だが、じっさいには、そうならなかった。彼らは起訴され、法廷にあがっている。裁判を回避させられたのは、島津ハルたちだけなのである。

「皇室関係事犯者への常套的な処置」

こうなると、どうしてもハルの身分を、もういちど考えたくなってくる。さきにものべたように、彼女は宮中で女官長をつとめていた。しかも、旧薩摩藩国父・島津久光の孫である。皇后とも、縁戚関係をもっていた。いわば皇室人脈のなかにいる女だったのである。

この点は、他の平民たちと、立場がまったくちがう。天津教の竹内や神政竜神会の矢野らと、同列にあつかうわけにはいかない。当局がいちばんおもんぱかったのも、おそらくそこのところではないか。

どこの馬の骨ともわからぬ連中が、不敬の言辞をはくというのなら、まだわかる。こまったことだが、ありえない話ではない。だから、そういう手合いは、どしどしょっぴいて刑に服させれば、それですむ。じじつ、不敬をはたらいたとみなされた当時の宗教家は、ひどく弾圧されていた。

だが、皇室の身内ともいうべき人物の場合は、そうもいかない。ハルのような身分の女が、不敬罪をおかす。それは、あってはならないことだった。おこりえようはずのない現象なのである。すくなくとも、当局者たちの価値観からすれば、そうだったにちがいない。

ハルが精神異常だとされたのは、そのせいではないか。皇后とも血のつながる元女官長が、正常な状態でそのようなことをするはずがない。異常だったにきまっている。いや、異常だったということにしておかねばならない。こんな判断が暗々裡にはたらいたために、入院という措置がきめられたのではないか。

こういう心理メカニズムがあったことを、立証する資料はない。だが、こうとでも考えるしか、納得のしようがないだろう。実証は困難だが、あえてここに仮説として、提示しておくことにする。

深読みをすれば、この措置で島津男爵家をすくうという配慮があったとも、考えうる。男爵家から不敬犯が出たということになれば、爵位そのものをとりあげねばならなくなる。だが、異常者のしでかした事件だということになれば、それはまぬがれよう。島津男爵家も、維持される。本家の島津公爵家へ累がおよぶことも、さけられるはずである。

もちろん、それを第一にねらっての措置だったとは思えない。だが、副産物的な効果として、意識していた可能性はあるだろう。

いずれにせよ、ハルは不敬罪をまぬがれた。正常な皇室関係者は、不敬などはたらくはずがない。この不文律は、彼女の入院によってたもたれたことになる。

ここで気になるのは、皇室評論家・河原敏明の指摘である。河原はハルのとりあつかいを、「皇室関係事犯者への常套的な処置だった」と論評した。

だが、どうだろう。いったい、ほんとうにこういうやり口が「常套」となっているのだろうか。「常套」だと言いきった河原は、この点について口をとざしている。ハル以外に、どういったケースで、こういう「処置」がなされたのか。それを、なにも語っていない。

どうやらこれからは、ハル以外のケースにも目をむけてみなければならないようである。

第二章　虎ノ門のテロリスト

皇太子をねらったステッキ銃

天皇制は、万人によってひとしく肯定されているわけでは、けっしてない。なかには、その打倒をもくろむものもいる。直接的に、天皇個人へのテロを敢行しようとするものも、いないわけではない。昭和天皇もその生前には、暗殺計画の俎上にあげられたことがある。

たとえば、一九二三（大正十二）年には、虎ノ門事件が発生した。当時の皇太子・裕仁《ひろひと》（のちの昭和天皇）が銃撃をうけた事件である。

同年十二月二十七日は、第四十八帝国議会がひらかれる日にあたっていた。議会の開院式へは、天皇が臨席することになっている。そして、当時の大正天皇は病気のため、公務を皇太子にゆずっていた。裕仁は、天皇位につくその前から、摂政として天皇の国事行為を代行していたのである。とうぜん、この日の開院式へも、摂政＝皇太子・裕仁がのぞむてはずになっていた。じじつ、摂政は朝から自動車に乗って、議場へむかっている。午前十時四十分ごろには、虎ノ門へその車がさしかかっていた。ちょうどそのときのことである。ひとりの男が、沿道の群衆からとびだした。そして、ステッキ銃をかまえ、車中の裕仁を狙撃したのである。

銃弾は、自動車のガラス窓をうちぬいた。だがさいわい、当人にはあたらない。弾丸は摂政の眼前をとおりすぎていった。間一髪の差で、殺傷はまぬがれたのである。

狙撃手は、再度の射撃をこころみようと、自動車のあとを追いかける。だが、こんどはたちまちのうちに、警備を担当していた警官たちにとりおさえられた。もちろん、銃もとりあげられてしまう。暗殺は失敗したのである。

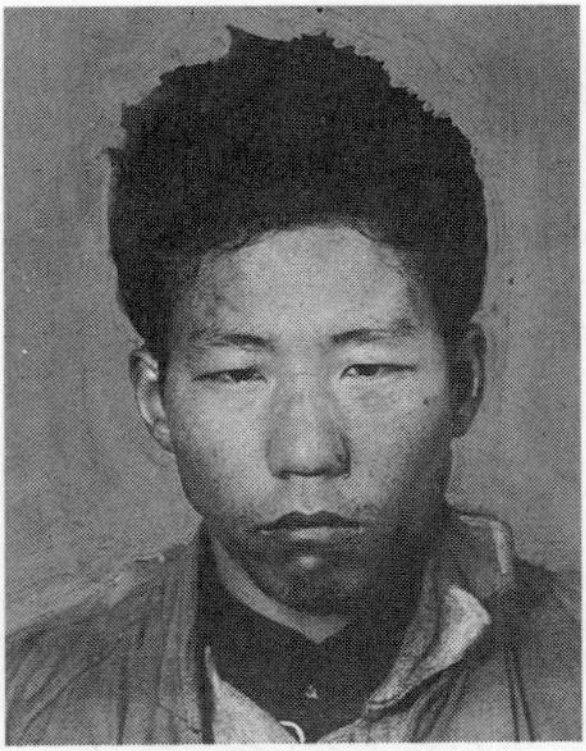

難波大助の肖像

犯人は山口県熊毛郡岩田村（現・光市）出身の難波《なんば》大助《だいすけ》、当時二十四歳の青年であった。難波家は、その地方の旧家である。大地主でもあった。大助の父・作之進は、一九二〇（大正九）年から、衆議院議員にもなっている。所属会派は、既成政党と一線を画した庚申俱楽部である。もちまえの尊王精神から、既成政党をきらっていたらしい。

大助も、おさないころは、家風である尊王気分にそまっていた。中学時代には、皇室中心主義を論じた投書を、『武侠世界』によせたりもしている。

左翼思想にめざめたのは、中学を終えた一九一九（大正八）年からである。大助はこの年に上京して、早稲田の高等学院の文科へかよいだしていた。高校受験のためである。そして、周辺にある鮫ケ橋の貧民窟を見て、心をうごかされる。社会の不平等を実感することで、階級意識がめばえだしたのである。

必然的に、社会主義を論じた本にもしたしむようになっていく。一九二一（大正十）年には、雑誌の『改造』を読みはじめた。と同時に、社会主義者としての自覚も、いだきだす。のみならず、テロリストの人生にも、興味をもちだした。

直接のきっかけは、この年の『改造』四月号で、河上肇《はじめ》の「断片」を読んだことにある。河上はこのエッセイで、ロシアのテロリストたちをえがいていた。ロシア皇帝ニコライ二世の暴政をうちやぶる。そのために敢然とたちあがり、皇帝暗殺をもいとわぬ男たちに焦点をあてていた。大助がテロリストの活動にひかれだしたのは、このエッセイを読んでからである。

幸徳秋水らのいわゆる大逆事件を知ったのも、同じころであった。

一九一〇（明治四十三）年のことである。明治天皇の暗殺計画をたてたという容疑で、多くの社会主義者やアナーキストがつかまった。旧刑法にいう大逆罪の容疑である。大逆事件とよばれるのも、その罪状に由来する。この事件では、幸徳秋水をはじめとする二十六人が、その大逆罪容疑で起訴された。

一九一一（明治四十四）年一月の大審院法廷は、そのうちの二十四名に死刑を宣告する。そして、判決の翌日には天皇の慈悲という名目で、死罪を半数の十二名にへらしていた。のこりの十二名は、無期懲役に減刑させている。社会主義者を弾圧するとともに、天皇の慈愛をもアピールする。そのためにしくまれた事件だと、よく言われる。

テロリストに興味をいだきだしたせいであろう。大助は、この日本を代表するテロ事件にも、関心をよせていく。大逆事件の判決文をつたえた新聞記事などを、上野の図書館でしらべたりもした。

ここにいたり、大助は自分もテロリストになろうと思うようになる。明治天皇を暗殺しようという計画がはかられた。ただそれだけの理由で、二十四人もの人間に死刑を宣告する。そんなことがゆるされていいはずがない……。大助がテロを決意したのは、そんな思考回路からである。

ところで、幸徳らがほんとうに天皇暗殺をくわだてたかどうかは、さだかでない。宮下太吉ら四人が計画をみとめた以外は、証拠がないままに死刑をつげられている。ようするに、大審院法廷は疑わしきを罰したのである。社会主義者にたいする見せしめめいた側面も、あったのだろうか。今日では、いろいろ問題点が指摘されている。

大助がそういう部分に気づいていたとは思えない。当時は、そこまで情報公開がすすんでいなかった。彼が腹をたてたのは、暗殺計画があったというだけで、死罪を要求する当局の態度である。暗殺計画の存在じたいがうたがわしいということを、もし知っていたとしたら……。大助のにくしみは、ますます増幅されていったにちがいない。

なお、大助は決行の前日にも、幸徳秋水大逆事件の記録を読んでいる。京都の府立図書館で当時の新聞を借りだし、判決文にもういちど目をとおしていた。上京し、虎ノ門で凶行におよんだのは、その翌日なのである。大助が大逆事件に心をよせていた、その関心の深さがしのばれよう。

いうまでもないことだが、大助も大審院では死刑を宣告された。この判決をきいた大助は、大声で「革命万歳、国際共産党万歳」とさけんだらしい。当時の言葉でいえば、「主義者」の犯罪だったということか。

もっとも、大助の場合は、組織的なバックアップが、まったく欠けていた。一九二二(大正十一)年に創設された日本共産党とも、無関係である。共産主義を標榜した大助ではあったが、虎ノ門事件じたいは単独犯であった。背後関係はなにもない。孤独な左翼青年の犯行だったといえるだろう。

「七度生まれ変わっても、大逆事件を繰り返す」

難波大助の裁判は、事件の翌年、十月一日と二日の両日にわたってひらかれた。大審院法廷での公判である。もっとも、事件の性質上、一般公開はされなかった。二日間とも、一般傍聴人は開廷直後に退場させられている。法曹関係者のみが傍聴できる秘密裁判であった。

この裁判を実見して、その記録をのこした弁護士がひとりいる。のちの運輸大臣・楢橋渡《ならはしわたる》である。彼は『人間の反逆』(一九六〇年)という著作のなかで、公判のやりとりを書きとった。以下に、少々長くなるが、そのなかから大助のふるまいを紹介していきたい。

大助は、公判の途中で、裁判長と検事につぎのような質問を、つきつけた。

「昨日より裁判長も検事も、天皇に対して懼《おそ》れ多い懼れ多いと、まるで天皇を神様のようにいわれるが、本当に天皇は神様のように懼れ多いのか。私にはどうしてもその気持が湧いて来ない。自分にそういう気持が湧けば幸福と思うが、どうしてもその気持になれない。本当にそういう気持が湧くのか、それを心から尋ねたい」

「昨日より」とあるところをみると、二日目、十月二日になされた質問であろう。それにしても、ストレートな質問である。天皇にたいする崇敬心は、ほんとうに心の底からわいてくるのか……。アンデルセン童話の「裸の王様」を、ほうふつとさせる問いかけではあった。法廷はこの質問を黙殺する。楢橋の傍聴記録は、こうつづく。

裁判長も検事も黙して答えない。

彼は言を転じて、

《然らば、天皇は神様ではないが、国家生活を為す上に国の中心的象徴として、扇の要の如くこれを認めて、その存在を尊敬し、一種の有機的機関として肯定しているのか！》

これにも満場黙して答えない。
彼は再び質問を致して、
《このことに答えないなら、然らば天皇に対して刑法に不敬罪その他恐るべき刑罰を以てその存在を示している法の威力に屈して、その態度をとっているのか》
これにも答えない。
陰鬱な沈黙が法廷を蔽った時、彼は突如として、
《吾れ遂に勝てり。君らが答え得ない処に自己欺瞞がある。君らは卑怯者だ。吾れ真実に生きる喜びをこれで実証したり。吾れを絞首刑にせよ！》
と絶叫して、満場の人をして色を失わしめた。

なんともドラマティックな場面である。ほんとうに、こんな大見得を大審院の法廷できれたのか。事実にしては、あまりにも劇的すぎる。楢橋による潤色が、まったくなかったとはいいきれまい。

じっさいの公式記録に、こういう記述は見あたらないという。「私の閲覧し得た限りの裁判記録には、この問答に該当するものはなかった」。十数年にわたって難波大助のことをしらべてきた原敬吾も、そう書いている（『難波大助の生と死』一九七三

年）。まあ、確実にウラがとれるというような話では、ないのだろう。

だが、まったくの捏造ということは、ありえまい。原敬吾も、以下のように楢橋の記録を信頼している。「たとえ一々の言辞に著者の若干の記憶ちがいは免れないとしても、その場に弁護士として臨席した人が書いている以上、このような場面があったことは事実なのであろう」（同前）。

公式文書に記録が見られないのも、天皇を誹謗する文言がきらわれたせいかもしれない。私も、原の指摘にしたがいたいと思う。

あと一箇所、楢橋の記録からひいておく。法廷での大助は、最後にひとこと、つぎのようなすてぜりふをはいていたらしい。

「あなたがたが私のような大逆犯人の出ることを欲せず、今の社会の繁栄と維持を望まんとするなら、速かに誤まった権力の行使を改め、民の心を心として、虐げられたる人々を解放し、万民平等の社会の実現に努力せよ、然らざれば我七度生れ変っても、大逆事件を繰返すであろう。これが死んで行く自分の諸君への贈り物である」

七たび生まれ変わっても、天皇を殺害してやるという。すさまじいアピールである。

とんでもないことを、しでかしてしまいました。もう二度とこのようなふるまいは、いたしません。なにとぞ、お慈悲を……というような姿勢は、みじんもない。自分の犯罪を、ほこらしげに語っている。まったくの確信犯だと言えるだろう。

当局者は、大助に反省の言葉をはかせようと、あの手この手をつかっていた。刑務所へは、所属の教誨師のみならず、松村介石らをはじめとする宗教家を、おくりこんでいる。共産主義は、まちがっていた。自分はそのあやまった思想にもとづいて、許されざる不敬におよんだことを、懺悔する。このひとことを、なんとしてもひきだそうとしたのである。

大助が、そういう殊勝な態度をしめせば、判決が変更された可能性はあるだろう。ほんらいなら死罪だが、本人もあれだけ反省の色を見せている。また、天皇陛下のあたたかいお慈悲もある。その皇恩をアピールさせるという意味もこめて、無期懲役に減刑されたかもしれない。

大助の親戚筋にあたる大塚有章も、こんなふうに書いている。「摂政宮から特別の御沙汰なるものが下って刑一等を減じられることになり、全国に向って皇室の『極悪の者にも及ぶ御仁慈』が宣伝される手筈になっていた」(『未完の旅路』一九六〇年)。

じつは大助も、一時的には、反省の色を見せたことがある。家族が村八分めいたあつかいをうけていると、知らされた時である。家族にめいわくがおよぶことはさけよう。そんな思いから、殊勝気にふるまうことも、なかったわけではない。

だが、そんなためらいも、一時的なものであるにとどまった。最終的には、反省のない確信犯という立場を、つらぬいたのである。これでは、減刑もありえまい。死刑は、とうぜんの結末だったといえるだろう。

ねがわくば狂人であってほしい

摂政=皇太子が、狙撃される。しかも、公衆が見まもる、その眼前で。このことは、当時のひとびとに大きな衝撃をあたえた。陳腐な表現だが、日本中を震撼させたといってよい。

ジャーナリズムも、この事件を特筆する。事件の翌日には、さっそく各紙がとりあげた。同時に、さまざまな論客たちのコメントも、紹介させている。

なかでも興味ぶかいのは、原敬内閣で国勢院の総裁をつとめた小川平吉の談話である。以下に、その抜粋を紹介しておこう。

「私は今度の不敬漢がねがわくば狂人であればよいと思うが、万一主義者らの所業であったならば、一層由々しき問題でなければならぬ」（『東京日日新聞』）

正常な人間が、このような犯罪をするわけがない。やったのは、狂人にきまっている。いや、狂人であってほしい……。小川は、政友会の大物代議士でもあったが、そんな期待をもらしていた。

そして、それはひとり小川のみがいだいていた願望ではない。この事件をあつかった当局者たちは、みな同じ希望をもっていた。摂政狙撃犯は、狂人であってほしいというねがいを、共有しあっていた。じじつ、検察当局は予審の段階で、大助を狂人にしたてようと策動する。

たとえば、犯行時のふるまいが、その文脈で問題にされた。大助は、「革命万歳」とさけびながら、摂政がのる自動車をおいかけたという。だが、検察はそれを否定した。警備のスタッフは、誰もそんな言葉を耳にしていない。にもかかわらず、大助は「革命万歳」をさけんだと、言いはる。それは、大助が精神錯乱におちいっていたからにほかならない、というのである。

また、大助は標的の自動車に、入江為守《ためもり》侍従長が同乗していたことを、知らなかった。ガラスごしに摂政をねらった時にも、同乗者は目にはいらなかったのである。つまり、とうぜん見えていたであろうはずの人物に、気がつかなかったということになる。この点もまた、一時的な精神錯乱のせいではないかと、問いつめられていた。

どちらも、無茶な議論である。凶行時の騒然とした状況で、「革命万歳」が明瞭に聞きとれなかったとしても、無理はない。わざわざ精神錯乱などという言葉をもちだす必要も、ほんらいならないはずである。まわりがうるさかったので、聞こえなかったんだなと納得すれば、それですむ。入江侍従長の存在に気づかなかったのも、標的しか目にはいらなかったせいだと思えばよい。

だが、検察はそれらの点にこだわった。大助の犯行を、精神錯乱ということでかたづけたい。そんな願望を、いだいていたせいである。

さらに検察は、昔の奇行をも大助の人生から、さぐりだす。たとえば、中学時代の大助には、おかしなふるまいがあった。やはり、異常者だったせいではないかというように。

大助は中学四年の時、下宿で同居していた従弟に、やや悪質ないたずらをしたことがある。ある日、外から帰った大助は、従弟の末兼伸に「公園で人を殺してきた」とうそをつく。また、「下に泥棒がきている」と虚言をつづけ、木刀をさげて階下へおりだした。伸がついていくと、大助はふりかえり、「泥棒はここにいる」とその木刀をふりかざしたらしい。

大助がくるった。とっさに、そう判断した伸は、大助の父親に電報をうつ。それをうけとって心配した父は、大助を家につれもどそうと、下宿へむかえにきた。

また、てひどくしかられるんじゃないか。ふだんから父をおそれていた大助は、そう心配する。そのため、いたずら心でやったんだと、正直に弁明することができなかった。大助は、むかえにきた父の前でも、気がくるったふりをしつづけたのである。

もっとも、その後はどこにも異常がなさそうだということで復学したのだが。

予審判事の沼義雄は、このエピソードを重視する。やはり大助には狂気があったという、その証拠事例としてとりあげようとした。福岡地裁小倉支部に、従弟の末兼伸当人を出頭させ、その点を同支部に追及させている（岩田礼『天皇暗殺』一九八〇年）。

だが、大助はそれをみとめない。「狂人の真似をする事を余儀なくされたのは此の時であります。これは全く父の威光に恐れ切って居った証拠であります」（前掲『難波大助の生と死』)。予審では、そうこたえている。

この中学時代のできごとに関しては、大助の父・作之進も事情聴取をうけていた。そして、暗に息子の狂気を肯定するような言辞を、はいていたらしい。大助は、収監されていた市ケ谷刑務所から父宛に、つぎのような遺書をおくっている。


「あなたの威光に恐れていた私は、曾《かつ》て狂人の真似をすら敢てした。此度の事件に於て――あなたの結構なる陳述の御陰により――私は再び狂人扱いにされんとした。真に滑稽千万のことと云わねばならぬ。然し御安心下さい。――私は曾て狂人でなかったと同様に、今も尚お狂人でありませぬから」(同前)

ここでも大助は、自分の狂気を否定する。当局者は、大助を狂人にしたてたいと、ねがっていた。その犯行も、精神錯乱によるものだと、立証したがっていた。だが、大助は当局のそういう意向に、抵抗しつづける。自分は正常な状態で摂政を狙撃したんだという主張を、つらぬきとおしていく。

一般的には、錯乱を理由に取調官の同情を買おうとする容疑者のほうが、多いだろう。あのときは気が動転していたんだ、自分はけっして確信犯じゃないというように。そして、そういう弁明を、取り調べる側が論駁《ろんばく》する。いいや、そんなはずはない、お前には計画的な殺意があったと。これが、ふつうのやりとりだと思う。

だが、虎ノ門事件の場合は、立場がまったく逆転した。予審判事のほうが、お前は錯乱していたというのを、犯人が否定しているのである。ずいぶんねじれた展開の取り調べだといえよう。

もちろん、ねじれていたのは、大助の弁明だけではない。取り調べる側の姿勢も、ふだんとはちがっていた。犯人が確信犯だったと告白しているのだから、やっぱりそうかと納得すればいいのにそうしない。お前には狂気があったとか、当時は錯乱していたはずだなどと言いたてる。当局者も常套からは逸脱していたと、そういわざるをえない。

では、じっさいのところはどうだったのだろう。大助は、自ら主張するように、健常者だったのか。それとも予審判事が追及するごとく、狂人だったり正気をうしなったりしていたのか。

「精神的には何等欠陥を認めず」

大助には狂人の可能性がある。できれば、狂人であってほしい。そうねがっていた予審判事の沼義雄は、大助の精神鑑定をおこなうことにした。訴訟へもちこむ前の、いわゆる起訴前鑑定である。

鑑定がおこなわれたのは、一九二四（大正十三）年の一月十六日から二月五日まで。合計二十一日間にわたる検診が、大助を収監した市ケ谷刑務所で実施された。沼が鑑定を依頼したのは、東京帝国大学医学部教授の呉秀三《くれしゅうぞう》である。

精神医学の歴史に興味をもつひとで、その名を知らぬものはいないだろう。日本の近代精神医学を基礎づけた、たいへんな医学者である。著書も多い。専門の『精神病学集要』（一八九四年）や『精神病検診録』（一九〇八年）などは、斯界の古典とされている。シーボルトの研究など、医学史方面でも、その業績は評価が高い。

さて、その呉による鑑定である。彼は、二十一日間のくわしい診察をへたあと、二月五日付で長文の鑑定書を提出した。その見立ては、しかし予審判事の期待をうらぎっている。呉は、大助に精神異常をみとめなかった。以下に鑑定書のなかから、最後の結論部分をひいておく。

「一、身体的疾患として腎臓炎あり。かなりの程度なるも、目下何等生命に関する危険を予測すべき程ならず。

二、精神的には何等欠陥を認めず。

右鑑定には大正十三年一月十六日より大正十三年二月五日に至る二十一日を要せり。

以上

大正十三年二月五日

鑑定人　東京帝国大学教授　呉秀三」

それにしても、勇気のある見立てではあった。正常な人間が天皇（摂政）を狙撃することも、じゅうぶんありうる。呉秀三は、それを医学的に証明してしまったのである。政治には左右されず、医学の立場をまもりきったといえるだろう。けっきょく、当局も大助＝狂気の立証をあきらめる。大審院法廷へも、そのまま健常者として起訴させた。そして、死刑をつきつけるにいたっている。判決が下されたのは、一九二四（大正十三）年十一月十三日であった。

その二日後には、絞首刑が執行されている。だが、父の作之進をはじめ、遺族は大助の遺体をうけとりにこなかった。彼らは、大逆の罪をおかした大助に、たとえ遺体ではあっても近づかなかったのである。それだけ親族からは忌避されていたということか。

ひきとり手のない大助は、けっきょく雑司ケ谷へ埋葬されることになった。市ケ谷刑務所の無縁仏は、雑司ケ谷の囚人墓地へほうむる。そんな規則があったからである。

脳解剖は狂気を立証できるのか

埋葬予定日は、十一月の十六日。その当日に、予定地で朝から遺体の搬入をまっている男がいた。東京帝国大学医学部の講師・福士政一である。福士には、大助の遺体解剖をしたいという希望があった。搬入と同時に、それをねがいでようと、雑司ケ谷で待機していたのである。

だが、遺体をはこびだすてはずは、予定よりおくれてしまうことになる。ずいぶんまったのに、埋葬予定地へはなかなかとどかなかった。しびれをきらした福士は、市ケ谷刑務所まででむいて、解剖の許可をねがいでる。もちろん、刑務所はそのとうとつな申請を、却下した。

では、いったいなぜ福士は、大助の遺体を解剖したかったのだろう。この点について、当人は翌十七日の新聞で、こんなコメントをのべている。

「大助には腎臓病があるが、それはさておきあんな大それたことをする男だから、頭脳の具合がよほど変わっているだろうと思ってそれを研究したい」(『東京日日新聞』)

東京帝大医学部の教授である呉秀三は、異常がないと鑑定書に書いていた。にもかかわらず、講師の福士は脳のぐあいを、解剖でたしかめたいという。上司である呉教授の診断を、結果的にうたがうようなコメントになっている。ひょっとしたら、東大医学部の中で、なにか事情があったのかもしれない。だが、そのあたりのことは、まったく不明である。

ここに一冊の伝記がある。虎ノ門事件発生当時、警視総監をつとめていた湯浅倉平の伝記である。そのものずばり、『湯浅倉平』(林茂　一九六九年)と題されている。そして、この伝記には、福士の解剖申請にまつわる、おどろくべき逸話が紹介されていた。

警視総監は、天皇(摂政)警備の責任者である。とうぜん、虎ノ門事件に関しては、退職を余儀なくされた。じじつ、湯浅は文官懲戒令により懲戒免官処分を、うけている。その後は、内務次官へ転出。福士の解剖申請がだされたときは、その内務次官職をつとめていた。

状況説明は、このぐらいにしておこう。『湯浅倉平』には、つぎのような伝聞記録が掲載されていた。

「湯浅の内務次官在任中、難波大助は死刑を執行された。その時湯浅は、同郷の友人の医者福士政一が後に語ったところによれば、福士に対して、難波の遺体を押えて官憲の手によってこれを解剖し、その所見に基づいて難波を精神病者として葬り去ろうとする計画に同意を与えたという事実が伝えられている」

事件当時の警視総監が、福士の計画を支持していた。遺体解剖という手をつかって、大助の狂気を立証しようとする。そんなもくろみを、湯浅は福士と共謀していたというのである。

大助のおかげで、懲戒免官処分になってしまった。その個人的なうらみも、湯浅にはあったのかもしれない。

それにしても、脳解剖までして狂気を証拠づけようとする姿勢には、おそれいる。

ロンブローゾ学派の犯罪学を、そのまま応用してみようとしたのだろうか。大逆犯を精神異常者にしたてたいという、その熱意のほどが、しのばれる。

もっとも、この逸話にはうらづけになる資料がない。伝記作者が、福士のそんな回想を聞いたというにとどまる。それも、また聞きにすぎない話なのかもしれない。著者の林は、「……という事実が伝えられている」と書いている。だが、事実かどうかはうたがわしい。まあ、うのみにはできないだろう。

そんな伝聞が語られるくらいにまで、当局者は大助を狂人にしたがっていた……。ここでは、そのていどの推論にとどめておく。

つぎに、大助の死刑判決をつたえる、十一月十四日の新聞記事に、目をむけてみよう。たいていの新聞は、大助の罪を非難した。また、その罪と犯人を憎悪するような、各方面の談話を掲載させている。なかでも、評論家・三宅雪嶺のコメントは、調子が高い。以下に、その抜粋を披露しておこう。

「大助は一種の精神病者である。この精神病者はまだ精神病学者が研究もせぬ、また研究しようともしていない一種の精神病である……人間の情において忍びないことをやろうとする情の欠陥で、つまり人情がくるっているのである。これは松沢病院に収容することはできないから、死刑もやむを得まい」(『東京日日新聞』)

どこにも異常はないという呉秀三の鑑定がでたせいか。三宅は、大助の病を、医者もまだ知らない精神障害だときめつけた。ずいぶん、無謀な議論である。これも、そこまでして狂人にしたいのかと、問いかけたくなってくる。

いずれにせよ、大助の狂気をねがっていたのは、当局者だけでもなかった。世論のなかにも、そういう気運はあったのである。おおげさにいえば、それが国民感情だったということなのだろう。大助は正常だと公言した呉秀三の勇気を、繰り返しになるが、もういちど強調しておきたい。

異常者のレッテルをつっぱねる

医者の鑑定は重大である。異常がないと判断された以上、これをしろうとがくつがえすというわけには、なかなかいかない。遺体の脳解剖も、現実的にはありえないだろう。「精神病学者が研究もせぬ」精神病だというのも、文筆家の文飾であるにとどまる。法廷で通用するような話ではない。

さきにものべたように、公判は事件の翌年、十月一日から二日にかけてひらかれた。だが、この法廷になると、大助の狂気という可能性は、問題にされなくなる。検察は、もうそのことをあきらめていた。医学的な鑑定がだされたので、断念せざるをえなかったのである。

じつは、公判の二日目に、大助の弁護側から再度の精神鑑定が要請されたこともあった。錯乱を立証し、減刑をかちとるためのテクニックである。だが、検察側はこの申し出を、ことわった。呉の鑑定がだされた以上、それにはおよばないというのである。

しかしここのところには、微妙な問題がひそんでいる。もし、大助の狂気が立証されれば、大助の罪は軽くなる。場合によっては、無罪ということにもなりかねない。公判で、弁護側が再鑑定をもとめたのも、それをねらっての作戦である。

さて、起訴前の予審段階では、検察側が大助の狂気を立証したがっていた。そんなことを証明してしまえば罪が軽くなりかねないのに、狂人の可能性を追求した。

いったい、予審段階の検察は、何を考えていたのだろう。大逆犯を無罪にさせてしまいかねない狂気の立証に、あれだけこだわったのはどうしてか。ほんとうに、大助を減刑させたり無罪にさせたりする覚悟を、もっていたのだろうか。

精神病院へ大助を、生涯とじこめておく。ひょっとしたら、そんなもくろみを、当初はどこかでいだいていたのかもしれない。病院を事実上、無期懲役の収容所にしてしまおうというプランである。こうなれば、罪は問えなくても、大逆犯＝狂人という宣伝にはつかえる。かたがた、かならずしも刑罰をもとめない皇恩の慈愛が、アピールできるだろう。

そういう計画があったことをしめす文献資料は、ひとつもない。私の想像であるにとどまる。だが、予審段階でのこだわりをみていると、どうにもそんなふうに思えてくる。こうとでも解釈しないかぎり、当局者が大助＝狂人説に執着した理由が、わからない。あて推量ではあるが、あえてここに書いておく。

だが、たとえそんなプランがあったとしても、呉の鑑定があるかぎり実現は無理である。あきらめざるをえない。じじつ、公判の時点では、狂気の立証を断念した。

かわって検察が問題にしたのは、大助の腎臓病である。呉の鑑定書にもあるように、大助は腎臓をわずらっていた。それも、そう軽い症状ではなかったらしい。

この病気にたいする不安が、大助を自暴自棄的な大逆罪へかりたてた。それは、不治の病で死を覚悟した男の、破滅的な犯行にほかならない。精神錯乱の立証をあきらめた検察は、公判にいたり、そんな理屈をもちだすようになる。正常な人間が、天皇（摂政）に危害をおよぼそうなどと、考えるはずがない。あくまでも、その前提にたって、議論をおしすすめようとしたのである。

検事総長の小山松吉は、この文脈で幸徳秋水らの大逆事件を、ひきあいにだしている。幸徳も、事件当時は肺結核をわずらっていた。その不安から、すてばちな過激主義に走った面がある。大助の犯行も、それと同じではないかというのである。

大助は、この小山による論告に、もうぜんと反発する。裁判長に発言の機会をもとめ、自分は腎臓病ですてばちになったことなどないと、断言した。さらに、この件については、つぎのようにもうったえている。

「自分を幸徳氏の大逆事件の動機と同一なりと論断せるが如きは、自分を侮辱するものなり。殊に皇室に対する犯人を狂人にすることに失敗したため斯《かか》る言辞を弄する権力者に対し、多大の侮辱と憎悪とを感ず」（前掲『難波大助の生と死』）

当局者は、大助を狂人とすることに、失敗した。だが、すぐに新手の策略を、めぐらしだす。公判では、病気を苦にした自滅的犯罪という説明を、おしつけようとした。そんな彼らにめいっぱいの抵抗をしめして、タンカをきった場面だったといえるだろう。

けっきょく、検察側はこのレッテルはりもあきらめる。共産主義に共鳴した青年が、摂政を狙撃したというストーリーを、最終的には納得した。大助は、当局がのぞんでいた異常者というレッテルを、心身両面でつっぱねきったのである。

大助は、死刑の判決をうけている。公式的には、被告の敗訴というべきだろう。だが、大助は最後まで、当局の意向に屈伏しなかった。この点に関するかぎり、大助に軍配があがったとみても、まちがいはないだろう。検察側にしてみれば、訴訟に勝って勝負に負けた公判だったとはいえまいか。

事件をめぐる、もうひとつのうわさ

大助が処刑されたのは、前にものべたように、一九二四年（大正十三）年の十一月十五日である。その執行を翌日の新聞で知った作家の永井荷風は、日記のなかへそのことを書きとめた。それによると、大助の犯行動機に関しては、こんなうわさがでまわっていたという。

「大助ハ社会主義者ニアラズ摂政宮演習ノ時某処ノ旅館ニテ大助ガ許婚《いいなずけ》ノ女ヲ枕席ニ侍《はべ》ラセタルヲ無念ニ思イ復讐ヲ思立チシナリト云ウ」

とんでもないうわさである。摂政裕仁《ひろひと》が、大助の許嫁《いいなずけ》に手をつけた。旅館へよびだして同衾した。それをうらみに思った大助が、摂政を狙撃したというのである。ほんとうに、そんなうわさがあったのか。ことがことだけに、荷風の聞きまちがいではないかと、うたがいたくもなってくる。だが、うわさは、たしかに存在した。荷風以外にも、そのことを書きとめたものはいる。たとえば、やはり作家の大岡昇平が、少年期を回想しつつこう書いた。

「犯人難波大助が摂政宮を射った理由は、新聞で十分の説明が与えられなかったので、地方巡幸の時、難波の許嫁を犯した怨みだというううわさが立った。しかし私たちはそのうわさを信じなかった」(『少年』一九七五年)

大助の母方にあたる国光家へ養子にいった大塚有章も、このうわさについて書いている。血縁関係があるだけに、その回想もなまなましい。「難波大助の家族たち」と題された一文だが、それにはこうある。

「事件が起って間もなく、私は大阪にいる銀行の友人から、この事件に関する手紙を受取った。『当地の専らの評判によれば、難波君は恋人を強制的に宮女に召し上げられたのを怨んで今度の挙に出たということだが、私にはどうも信じられない。貴兄が帰阪されたら真相が聞けることと期待している……』

この手紙を受取ったとき、私は一笑に付してまったく意に介しなかったが、間もなく所用で広島に出たついでに、女学校寄宿舎にいる義妹を訪れて四方山《よもやま》の話をしていたら、義妹が急に声を落して、『難波の大さんが取られちゃったという恋人は親戚の人ちゅうが誰のことかの』と聞いた。私は驚いて義妹にいろいろ質問してみたが、大助が恋人を摂政宮に取られたということは疑問の余地はないこととされ、その恋人とはどんな女性だったかということが、目下の問題になっていることが明らかになった」(『文藝春秋』一九六七年六月号)

大塚は、うわさのひろがりをたしかめるため、博多と金沢の友人に手紙をだしている。すると、この二都市からも、うわさの存在を肯定する返事がかえってきた。摂政が大助の恋人、あるいは許嫁に手をだしたという話は、それだけ浸透していたのである。

それにしても、たいへんな伝播力である。永井荷風や大岡昇平は、東京で耳にした。大塚有章は、大阪からうわさを聞き、広島でも同じ話と遭遇する。さらに、金沢や博多でもその存在を確認した。

不思議な現象である。なぜ、このうわさは急にそれだけひろまりだしたのか。新聞や雑誌は、そんなうわさがあることを、まったく報道しなかったのに……。大塚も、その点をいぶかしがる。そして、つぎのような推測をこころみた。

「どうしてこのデマはこんなに早く全国的に行き渡ったのだろう。これは全国的な組織を動かし得る人々が、計画的に操作してデマを巧妙に流しているにちがいないということは見当がついたが、それ以上のことは当時の私には判断できなかった」

当局者が、意図的にうわさをながした可能性が、指摘されている。証明はできまいが、ありえないことでもないだろう。

大助は、恋人を摂政にとられて、冷静さをうしなっていた。うらみで錯乱状態におちいっていたから、ひきがねをひいたのだ。正気の人間に、あのような犯罪ができるとは、とうてい思えない……。

かんぐってみれば、大衆の憶測をそういう方向へ誘導する情報操作があったとも、思えてくる。錯乱者の凶行にしたがる当局の意向が、こんなところにも作動したという解釈である。決定的な証拠はないが、推論のひとつとして書いておく。

島津ハルが不敬容疑で逮捕されたのは、一九三六（昭和十一）年であった。そのさいにうけた警察の取り調べで、ハルはこんな言葉もはいている。「難波大助の死霊——許嫁の処女を奪う云々」（前掲『木戸幸一日記』）と。虎ノ門事件から十三年をへた彼女の脳裏にも、うわさはとどいていたということか。

さらに、虎ノ門事件の十八年後、一九四二（昭和十七）年二月二十一日のことである。読売新聞社浦和支局で、支局長の山本剛が不敬罪容疑で逮捕されるという事件が、発生した。容疑の内容は、支局の二階で、つぎのような話をしていたことにあるという。

「あの虎の門事件は世間では思想関係だと言われて居るがあれは事件の主人公難波大助の許嫁に陛下が御手を付けられた云々と不敬言辞を弄す……」（内務省警保局編『社会運動の状況——共産主義運動編』第四巻、一九四二年）

摂政が大助の許嫁に手をだしたという、例のうわさを語ったのがとがめられた。けっきょく、支局長・山本剛は、この容疑で懲役一年をくらっている。

たしかに不敬ではあったろう。しかし、もしこのうわさが、当局によって意図的にながされたものだったとしたら。その場合は、当局じたいに、不敬があったということになってくる。それで逮捕された山本など、気の毒としかいいようがないことにもなろう。あくまでも、当局のリークだった場合にかぎる話だが。

余談だが、このうわさに関するタブー意識は、戦後になっても存続した。

永井荷風が日記のなかにこれを書いたことは、さきにものべたとおりである。だが、戦後に公刊された『荷風全集』（第十九巻　一九六四年）では、この部分が伏せられた。版元の岩波書店は、つぎのように、伏字で出版させていたのである。

「大助ハ社会主義者ニアラズ××××××××××××××××××××××××××無念ニ思イ復讐ヲ思立チシナリト云ウ」

『荷風全集』の二刷（第十九巻　一九七二年）でも、状況はかわらない。初刷の伏字を、そのまま踏襲した。岩波文庫の『摘録断腸亭日乗』(一九八七年)にも、まったく同じ処置がほどこされている。岩波書店は、あからさまにこの部分を、隠蔽したのである。言論が自由になったとされる戦後でも、伏字の使用を余儀なくされてしまう。それだけのプレッシャーが、この問題にはあるということか。

もっとも、岩波書店だけをこの点でなじるのは、あたらない。荷風日記のこの部分をふせてきた出版社は、ほかにもある。というか、このくだりを活字にさせた版元は、ひとつもなかったのである。岩波もまた、そうした出版界の常套にしたがったといってよい。

だが、そんな岩波書店も最近は姿勢をかえだした。一九八〇(昭和五十五)年に刊行された『断腸亭日乗』では、原文をそのままのせている。新しい『荷風全集』(第二十一巻　一九九三年)でも、この部分をどうどうと掲載した。今では、以前のようにかくしたりしなくなってきたのである。

英断だというべきだろう。岩波がそこまでふみこんでくれたから、一般読書人にもつたわるようになったのである。じっさい、それまでは、何が書いてあるのかがわからなかったのだから。

とはいえ、岩波文庫版になると、現在でもあいかわらず伏字にさせている。文庫のような普及版では、やはり政治的な配慮をほどこしたほうがいいということか。そのあたりの葛藤をめぐる社内事情も、できれば知りたいものだと思っている。

第三章　石と煙突のファナティケル

ねらわれたパレード

天皇家の慶事は、しばしば国民的な祝いごとになる。いわゆる奉祝の大衆動員が、よくなされる。たとえば、皇太子の結婚などということになると、パレードが挙行されたりするわけだ。一九九三（平成五）年の「御成婚」さわぎも、まだまだ記憶に新しい。

現天皇・明仁《あきひと》の場合も、皇太子時代の成婚にさいしては、パレードがくりひろげられた。一九五九（昭和三十四）年四月十日のことである。このイベントをみたいために、テレビの受像機を多くのひとが購入したと、よくいわれる。

それだけ国民的な関心をよんでいたわけだが、そんなパレードに乱入をこころみた者がいた。

パレード当日、午後二時三十七分のことである。皇太子と皇太子妃を乗せた馬車は、皇居から出て二重橋をわたりおえていた。ちょうど、祝田橋通りをとおりだしていたところだったという。とつぜん、ひとりの若い男が、馬場先門側にいた群衆のなかからとびだした。そして、車上のふたりをねらい、手にした石をなげつけたのである。

石はあたらなかったが、男はひるまない。警官の列をくぐって、馬車に走りよる。さらに、馬車のステップへ足をかけ、よじのぼろうとこころみた。

「左側に腰かけ手を振っていられた美智子さまは驚いてクッションの奥深くのけぞった。このとき警護の警官十数人がかけよってこの男を車から引きずり降した。お二人には別に異常はなくすぐ何事もなかったように馬車コースを進んだ」（『読売新聞』一九五九年四月十日夕刊）

馬車によじのぼろうとした理由を、男は警察でこう語っている。翌日の新聞に紹介された自供からの引用である。

「天皇制には反対だ。石が当らなかったので二人を馬車からひきずり降すつもりだった。そうすればその後の結婚スケジュールがダメになったろう」（『朝日新聞』一

上：突然、若い男が群衆からとびだし、現天皇・明仁夫妻に石をなげつけ、馬車に走りよる（毎日新聞社提供）
下：馬車によじのぼろうとしたところを警官にとりおさえられる（毎日新聞社提供）

九五九年四月十一日）

だが、彼の思うようにはいかなかった。男はすぐにとりおさえられ、パレードは予定どおりに進行したのである。

男の名は、あとでその理由をのべるが、ふせておく。イニシアルでN・Kだったという紹介に、とどめたい。年齢は十九歳だから、事件当時は未成年だったということになる。

N・Kの出身地は、長野県上伊那郡の長谷村（現・伊那市）である。高校は、地元の伊那北高校へかよっていた。

この高校が、N・Kの在学中に焼けたらしい。焼失した校舎をたてなおすべく、同校のPTAや先輩たちは、金策に四苦八苦した。やっとのことで、再建費の四千万円をあつめられたのだという。もちろん、N・Kもその悪戦苦闘ぶりを、まのあたりにしていた。

そんなおりに、皇太子夫妻の新居建設費が二億円以上かかるというニュースを、耳にする。N・Kは、それを聞いて不公平だと思い、腹をたてた。パレードをぶちこわしてやろうと考えだしたのも、そのためである。事件の八日後には、彼の自供として、つぎのような談話が新聞に披露されている。


「高校に在学中、校舎が焼け、再建するのに四千万円の寄付集めでずいぶん苦労したことがあった。それにくらべ新東宮御所の新築に二億三千万円もかけるのはけしからんと考え……」(『毎日新聞』一九五九年四月十八日夕刊)

精神分裂症、そして二年の保護処分

旧憲法下においてなら、とうぜん不敬罪に該当しただろう。だが、敗戦後の新憲法体制は、それを廃止させていた。もう、当局も、N・Kのような容疑者を、不敬罪には問えなくなっていたのである。

公務執行妨害や業務妨害という罪名を思いつくむきもあろうか。しかし、婚礼のパレードを公務や業務とよぶわけにも、いきにくい。大葬や即位なら国事行為だが、結婚は皇室の私事である。公務執行妨害や業務妨害は、とうていなりたたない。

器物損壊という線も、理論的にはありうる。しかし、これは親告罪である。被害者からの告訴がなければ、罪には問えない。そして、皇室がN・Kをうったえるというふうには、ならないだろう。それに、器物損壊というほどの被害も、じっさいにはうけなかった。ただ、パレードが、一時的に停止させられたというにすぎないのである。

けっきょく、暴行容疑ぐらいしか、罪状はでてこない。じっさい、検察も暴行という名目だけで、N・Kの取り調べに対処した。新憲法下の法規では、ほかの罪名が考えられなかったのである。

だが、それにしたところで、たいした被害がないという点では、器物損壊の場合とかわらない。石はあたらなかったし、車上のふたりにはなんのケガもなかった。暴行といっても、じっさいには未遂でしかないのである。おまけに、N・Kは未成年であった。

重い罪には、まずなりえない。まあ、微罪であろう。二、三日の取り調べで、あとは釈放というケースも、じゅうぶんありうる。そのていどの事件でしかないのである。にもかかわらず、当局はN・Kの身柄を、なかなか自由にはしなかった。

公式的な勾留期限は、この種の暴行容疑だと十日間になる。そして、警視庁からN・Kを送検された東京地検は、まるまる十日間にわたって取り調べを執行した。期限の限界ぎりぎりになるまで、彼をはなさなかったのである。

いや、それどころではない。地検は、さらに五日間の勾留延長を、東京地裁に請求した(四月二十一日)。もっと、取り調べをつづけたいというのである。なみなみならぬ執着ぶりだというべきだろう。

さすがの東京地裁も、この申請をまるごと肯定するわけにはいかなかった。二日間だけの延長をみとめるという判断を、下している。地検の要求は、いってみれば値切られてしまったのである。それだけ強引すぎる申し出だったということか。

当時の『週刊朝日』が、地検のやり方を批判する司法関係の声を、ひろっている。勾留の延長申請にたいしては、つぎのような反発もあったらしい。

「少年（筆者註　N・K容疑者のこと）が逃げるわけでもあるまいし、証拠いん滅というなら、本人の自供もある。目撃者もいる。テレビのフィルムだってある。それなのに、いまさら何をモタついている」

「勾留するなら二、三日で十分、皇太子でなかったら処分保留というところだ。検察庁の事大主義と、岡引き根性の現われだ」（一九五九年五月十日号）

もちろん、地検側にも言い分はあった。『週刊朝日』はそれを、こんなふうに紹介している。

「念を入れるためだ。家裁に送る書類にも時間がかかるし……」

「本人も、反抗期の激情にかられてやったのだし、いわせるだけいわせようというのが、勾留延長のネライだ。はじめのころは、アイツとか、明仁とかいっていたが、このごろは、殿下というようになった。事件があれば、世論に関係なく、起訴するのが検察の原則論だ。この事件も、刑事処分が相当と思っている」（同前）

軽い暴行未遂なのだから、おおげさにあつかうなというのが批判の要点である。だが、地検側には、公訴てつづきに時間がかかるという延長理由もあったらしい。どうやら、東京地検は裁判にもちこもうとする意欲を、もっていたようである。

さきにものべたが、東京地裁は勾留の延長を、二日間しかみとめなかった。つまり、四月二十三日が、その最終日だということになる。

だが、東京地検は、さらなる延長を地裁にもとめていた。といっても、取り調べのための再延長ではない。N・Kの精神状態をしらべるための期間延長、いわゆる鑑定留置を請求した。

これについては、地裁も了承する。合計十日間の鑑定留置をみとめた。この決定により、N・Kは五月二日まで勾留されることとなる。そして、その間、医者による精神鑑定が実施された。なお、鑑定をうけもったのは、世田谷にある東京都立梅ケ丘病院の医師である。

ついでに書きそえておくが、都立梅ケ丘病院の前身は、青山脳病院である。文学好きな読者なら、青山……と聞かされただけで、ピンとくるだろう。歌人の斎藤茂吉が経営し、息子の北杜夫が『楡家の人びと』で舞台にした。あの青山脳病院で、N・Kは精神鑑定をうけていたのである。

ここが東京都へ移管されたのは、敗戦の年、一九四五（昭和二十）年の五月であった。空襲によるベッド不足をうれえた東京都が、斎藤家にたのんで買収したのである。

この病院へは、しかし都立になってからも斎藤家の医師が、関与した。たとえば、院長は北杜夫や斎藤茂太の叔父にあたる斎藤西洋が、つとめている。その斎藤院長が肺ガンで死んだのは、一九五八（昭和三十三）年である（斎藤茂太『精神科医三代』一九七一年）。N・Kの鑑定は、一九五九（昭和三十四）年だから、その翌年のことになる。

話が脇へそれた。本題にもどしたい。N・Kをみた、その鑑定結果を、『読売新聞』はこんなふうにつたえている。

「明らかに精神分裂症であると認められた」（一九五九年五月一日夕刊）

精神分裂症（筆者註　今は統合失調症とよぶ）であるという。だが、他の新聞はもっとちがったニュアンスの報道ぶりになっている。たとえば、以下のように。

「精神分裂症の疑いが濃いと結論が出たので……」（『毎日新聞』一九五九年五月一

日夕刊）

「精神分裂症の疑いが出てきたので……」（『朝日新聞』一九五九年五月一日夕刊）

一方は、精神分裂症だと断定する。だが、他方はそのうたがいがあると書くに、とどめる。いったい、どちらが正しいのか。この点のあやふやさが、ひっかかる。ひいては、分裂症うんぬんという鑑定結果にも、疑問がわいてくる。

いずれにせよ、N・Kは医療少年院へ収監された。そして一ヵ月後の六月一日に、東京家裁で最終的な処置を、きめられている。すなわち、郷里の長野で、二年間の保護観察処分をうけるというふうに。

東京地検からは、当初刑事処分にしようという声が、聞こえていた。だが、けっきょく裁判にはいたらない。N・Kは刑事罰をうけなかった。精神分裂症なので、あるいはそのうたがいがあるので、訴追されなかったのである。

アブノーマルじゃないという医者がいた

事件から六年後、一九六五（昭和四十）年のことである。成婚のパレードに石をなげつけたN・Kが、『女性自身』に手記を発表した。そのなかに、自分がうけた精神鑑定をこんなふうに回想したくだりがある。

「私は、徹底的な精神鑑定を三度も受けた。そして、いずれも《分裂症》と診断された……C医師はいう『……君はアブノーマルじゃないよ。でも、重要なことだが、君は〝分裂症〟であったほうが、早く自由になれるだろうから……』。私は涙がでるほどうれしかった。〈ノーマル〉だといってくれた医者が神様に思えた。だが、私は大人たちの都合で、とうとう〈気ちがい〉にされてしまったのだ」（一九六五年四月五日号）

医者のひとりは、N・Kをノーマルだと言っていた。分裂症にされたのは、医学的な判断からではない。ある特殊な事情によって、そう鑑定されてしまったという。きわめて重大な指摘である。いったい、ほんとうにそんなことがあったのか。『女性自身』は、これ以後も、二度ほどN・Kのことを記事にとりあげている。そして、そのたびに彼自身の談話というかたちで、鑑定結果が捏造された可能性を強調した。たとえば、つぎのように。

「おれは分裂症、つまり気ちがいだってことで、刑務所から出された。だが、みんなウソなんだ。〝分裂症だと認めたら、すぐ刑務所から出られる〟というから、こっちも五〇日間も勾留され、出たい一念で、仕方なしにハンコを押したのさ」（一九六九年四月十四日号）

「いまだからいいますけど、ぼくは狂人じゃない。精神鑑定をしてくれた先生が、そういったんです。〝きみはアブノーマルじゃないよ。でも、重要なことだが、きみは分裂症であったほうが、早く自由になれるだろう〟って」（『デラックス女性自身』一九六六年十一月一日号）

いずれも、週刊誌風の文体になっている。『女性自身』の編集部がアレンジしてしまったところもあるだろう。まるごとうのみにするのは、あぶない。

だが、同誌の執念ぶかさは注目にあたいする。一九六〇年代後半の『女性自身』は、繰り返し繰り返し、この事件に言及した。そして、精神鑑定がでっちあげられた可能性を、力説したのである。同誌編集部なりに、ある種の自信はあったのだろう。でなければ、こうもしつこくは繰り返すまい。

では、もしN・Kが回想するとおりだったとしたら。『女性自身』が推測するような事実があったとしたら。もうひとつの疑問が、自然にわいてくる。いったいなぜ、当局は精神鑑定を捏造する必要があったのか。どうして、健常者のN・Kを、分裂症だと言いくるめなければならなかったのか。そこのところを、どうしても考えたくなってくる。

不敬罪観念の戦後史

N・Kが長野県の伊那北高校をでたことは、さきにものべた。その高校でN・Kの担任になったことのある教師が、後年興味ぶかい回想をのこしている。『週刊新潮』（一九八二年一月七日号）に紹介されたコメントである。

「私は四月三十日に上京して、精神科の医者と私と本人の三人だけで話をしました……私が思うに、当時不敬罪がなくなったとはいえ、その残像がまだあった……事件の処理について国民のコンセンサスを得るために苦慮した結果、彼を病気扱いにしたんじゃないかと思います」

「四月三十日」といえば、鑑定結果が発表される、その前日である。そんな日に、この教師は、N・Kと梅ケ丘病院の医者にあっている。そして、その体験にもとづいて、精神鑑定が捏造されたであろう経緯を想像した。不敬罪観念の残渣《ざんさ》こそが、「彼を病気扱いに」させたのではないか、と。

なかなか説得力のある指摘である。ありうることだと思う。

不敬罪がある時代なら、N・Kはまちがいなくその該当者になった。重罪はまぬがれえなかったはずである。だが、敗戦後に不敬罪がなくなってからは、話がちがってくる。なにしろ、未成年の暴行未遂でしかないのである。とうてい、重罪にはなりえない。へたをすれば、裁判所で門前払い、公訴棄却という線だってありうる。

このことを、地検の担当者たちが、にがにがしく思っていたという可能性は強い。昔なら不敬罪になったはずの男が、暴行未遂でしかうったえられなくなってしまった。これでいいのか。こんなことでは、尊皇精神がなしくずしにされてしまう。そんな不安をいだいていたものは、いただろう。

じっさい、事件発生当時には、つぎのような地検の姿勢がつたえられていた。

「少年の行動に対しては『単なるいたずらだ』という見方もあったが、地検では最高検と打合せた結果『象徴の後継者である皇太子に対し衆人環視の中で危害を加え

ようとした』点を重視し……『刑事処分が相当』との意見……」（『朝日新聞』一九五九年四月二十二日）

「地検が重視したのは……皇太子は、国家の象徴たる天皇の後継者である……殺人でも、尊属殺人の方が重いのと理屈は同じだ」（『週刊朝日』一九五九年五月十日号）

N・Kが分裂症だとされたのも、そのせいではないか。訴追をやめたのは、罪に問えないからではない。精神に異常があったから、公訴をしなかったんだと言いつくろう。かたがた、分裂症でさえなければ刑事罰になったんだという印象を、国民の前で演出する。そんなもくろみのもとに、精神異常を強調する鑑定が、下されたのではないか。

そういえば、精神鑑定の結果をつたえる新聞記事は、こんな文面になっている。

「『保護処分を相当とする』……検察側がこのような意見をつけただけに、少年を検察庁に逆送し、成人なみの刑事処分をするようなことはほとんどあり得ないものとみられている」（『朝日新聞』一九五九年五月一日夕刊）

「責任能力がないから刑事責任を負わせるのは適当でなく医療少年院に収容し相当の意見をそえて家庭裁判所におくることに決めた」(『読売新聞』一九五九年五月一日夕刊)

精神の異常さえなければ、刑事訴追をうけたにちがいない。どちらも、そんなニュアンスの文章になっている。つまり、ほんらいなら重い事件なんだと、言外にうったえているのである。そして、そうアピールするために、異常だという鑑定がひねりだされたとはいえまいか。

じっさい、どこにも異常がなければ、いきおい訴追という手順になる。だが、せっかくうったえても、ごく軽い罪にしか問えないことは予想できた。反・天皇制分子が、暴行未遂というだけの微罪にとどまってしまう。そのことを、法廷で満天下に知らしめてしまう結果になりかねない。

かといって、裁判をあきらめ、処分保留でそのまま釈放というかたちはこまる。やはり、刑事処分相当なんだという雰囲気は、かもしだしておきたい。精神に異常があるので、ほんらいなら訴追すべきだが裁判はやめた。こんなフレーズがことごとしく公表された背後には、そういう事情があったのではないか。私は以上のように想像する。

さらに、反・天皇制分子には狂気があるというレッテルはりの可能性も、ありえよう。成婚のパレードに投石をこころみる。そんな男が正常だったというのでは、国民にたいするしめしがつかない。皇室の尊厳をたもつためにも、異常があったということにしておこう。以上のようなフレーム・アップ効果も、副次的にはねらわれていたかもしれない。

もっとも、こういう解釈を実証することは、今のところ不可能である。かなり蓋然性の高い想像だという自信はあるが、証拠をそろえて証明することはできない。

なんといっても、地検や警察、そして病院サイドの記録が、見られないのである。『女性自身』にしても『週刊新潮』にしても、N・K側の取材をしたにとどまる。鑑定にたずさわったひとびとからの情報収集が、まったくできていない。ざんねんながら、私にもそれははたせなかった。

N・Kの精神鑑定は、医学外の要因によってねじまげられている。私の、そして『女性自身』などのこういう想像は、今のところ仮説でしかない。なんらかの証拠をおもちの読者からは、ぜひともそれを御教示いただきたいとねがっている。もちろん、反証があるというかたにも、お話をうかがえればありがたい。

後日談だが、事件後のN・Kは、ずいぶんつらい人生をすごすようになったという。

あとあとまで、警察の尾行がたえず、そのため就労にも支障をきたしていたらしい。ああ、あの投石男かという周囲の目も、おそらくその処世を不利にしただろう。私があえて実名をふせたのも、そのあたりの事情をおもんぱかったためである。

皇居をさわがすエントツ男

現行の日本国憲法は、一九四七（昭和二十二）年五月三日に、施行された。憲法記念日という祝日が、それを記念して制定されたことは、周知の事実であろう。じっさい、毎年この日には、各地で憲法がらみの式典が挙行されている。

さて、一九五二（昭和二十七）年は、連合軍の占領が最終的に解除された年である。同年の憲法記念日には、それを祝って特別なイベントがひらかれた。皇居前広場の「独立と憲法記念式典」が、それである。

儀式は、午前十時半にはじまった。昭和天皇も皇后をともなって、この時間には式典にのぞんでいる。その十分後に、宮内庁内庭の五十メートルにもおよぶエントツから、赤い毛布がたらされた。

これを下げさせたのは、エントツへよじのぼっていたひとりの男である。彼は、赤い毛布を赤旗に見たて、共産主義への共感をあらわした。のみならず、この男は白絹ののぼりをたてさせてもいる。そして、そこには「天皇裕仁をダンガイし、回答を要求する」と、大書されていた（『毎日新聞』一九五二年五月三日夕刊）。あからさまに、天皇制を批判した示威行為だといえよう。

だが、午前十一時には、皇宮警察によってとりおさえられてしまう。デモンストレーションは、およそ二十分で終了した。

男の名はO・S、これも実名はふせておく。宮内庁につとめる、二十一歳の職員であった。職務は大膳部主膳係の膳手《ぜんしゅ》、ひらたく言えば、天皇の食事係である。つまり、宮内庁で直接昭和天皇の世話をする男が、天皇を公然と非難したのである。

O・Sは、事件後に送検され、懲戒免職処分となった。といっても、不敬にわたる言動が、クビの表だった理由になったわけではない。彼は、エントツからたらした赤い毛布、緋毛氈《ひもうせん》を、宮内庁の倉庫から勝手にもちだしていた。それが、窃盗容疑とされたからである。

罪には、しかし問われていない。裁判にもかけられなかった。

抗議をうけた精神科医

事件直後にO・Sは、東京大学医学部で精神鑑定をうけている。結果は、異常ありということになった。新聞では「エントツ男は精神薄弱」（『毎日新聞』一九五二年五月七日）などと、報道されている。訴追をうけなかったのも、そのためであるという。

この事件に関しては、二年後の『週刊朝日』も記事をまとめている。そこに、皇宮警察本部長・武末辰雄の談話がのっている。つぎに、そのなかから精神鑑定にかかわるところを、紹介しておこう。

「初めは本物の共産党員でいろいろ天皇制打倒の計画をかくさくしていると重大視したのですが、どうも頭が変ですし、精神を東大に鑑定してもらったところ、気違いだというのだし……。何にしろ盗んだのが高価とはいえ、赤毛布一枚だったし、起訴にもって行かなかったのですよ」（一九五四年八月十日号）

軽い窃盗だし、「気違いだ」から公訴をやめたという。投石事件のN・Kと同じように、一般へは異常者としてつたえられていたのである。

た。O・Sは、この週刊誌記事を読んで、東京大学医学部の精神科医に抗議をつきつけた。自分は、どこもおかしくない。精神異常よばわりをされるのは、心外である。もういちど、きちんとした鑑定結果をおしえてほしい、と。

抗議の手紙をうけとったのは、当時の東大医学部教授・内村祐之《ゆうし》である。クリスチャン、内村鑑三の息子としても、あるいは知られていようか。

さいわい、内村は『わが歩みし精神医学の道』（一九六八年）と題した回顧録を、書いている。そして、O・Sの精神鑑定についても、六ページにわたってふれていた。

鑑定にたずさわった医師の記録があるという点は、重要である。じっさい、成婚パレード投石事件に関しては、病院側の資料が見られなかった。そのため、鑑定をうけた側の発言からしか、事の経緯がおしはかれない。だが、O・Sの場合はちがう。くどいようだが、この点は強調しておきたい。

回顧録の具体的な内容を、検討していこう。内村は、こんな書きだしで、O・Sのことを読者に紹介しはじめた。

「分裂気質者乃至《ないし》分裂病質者の顕著な環境反応として、私自身の思い出に強く残っている一つの鑑定例を載せることとしよう」

「分裂気質」の典型例だという。まったくノーマルだったという書き方には、なっていない。そして、内村は繰り返し繰り返し、このことを強調する。

「平素の静かな青年の挙措と、これらの大胆な行動とを比べると、そこに非常な唐突さと異常さとを感じるが、しかし分裂気質や分裂病質の特徴を知っている専門家にとっては、さして珍しいことではない」

「正に分裂病質者の環境反応というにふさわしいものであったと判断せざるを得ない。そして、この事件は、分裂病質者の表面的な温厚さや冷静さは、あたかも地球内部の燃えたぎるエネルギーを覆う地殻にも似た仮面であることを示す好個の例であったと思うのである」

鑑定にたずさわった医師が、「分裂病質」だったという。やはり、O・Sは異常者だったのだろうか。

皇室にはむかう者が、異常だったという精神鑑定をうける。そんな事件報道を読むと、ついつい当局のでっちあげだと考えたくなってくる。鑑定がねじまげられたと思いこんでしまう。それは、ある種の偏見なのかもしれない。

じっさいに、異常だったから異常だと判定されるケースも、多いのではないか。鑑定の結果を報道する記事は、すなおにそのままうけとったほうがいい。内村の回顧録をおおざっぱに読むと、そんな感想もうかんでくる……。

「分裂気質」と「分裂病」

ずいぶん、もったいをつけてしまった。精神医学にくわしい読者なら、少々イライラされたことだろう。

もういちど、内村の書いていることを、じっくり読みかえしてほしい。内村は、O・Sのことを、「分裂気質」とか「分裂病質」だとのべている。だが、「分裂病」だったとは、ひとことも言っていない。「分裂病」と「分裂気質」あるいは「分裂病質」は、字《じ》面《づら》がよくにている。ともに、「分裂」という言葉が、冠されている。だが、その指示内容、意味はぜんぜんちがう。「分裂病」は、精神医学上のはっきりした疾病だが、「分裂気質」はそうではない。それは、ひとの性格や気質をあらわす用語なのである。

べつに、人格が荒廃しているわけではない。ただ、その人格がいわゆるふつうのひととは、ずれている。そして、そのことで当人がくるしむ。あるいは、社会が迷惑をこうむる。そんな状態を、「精神病質」とよぶ。それが分裂病的な様相をときとしてしめす場合は、「分裂気質」ということになる。あるいは、「分裂病質」ということに。

では、ふつうのひととは、いったい何か。社会が迷惑するとは、どういうことなのか……。等々、この用語には、そのあいまいさゆえ、反発をしめす医者もすくなくない。じっさい、近年は「分裂病質」とか「分裂気質」という用語を、つかわなくなっている。

ただ、「分裂病質」が精神病の「分裂病」とことなる概念であることは、まちがいない。そして、内村はO・Sを「分裂病質」、「分裂気質」だと書いていた。つまり、精神医学上の病気ではないと、言外に語っているのである。

いや、それどころではない。O・Sに「分裂気質」を読みとった内村は、同時にこうものべていた。

「これらの行動の際の青年の精神状態には少しの異常も認められなかった」

O・Sは、まったく正常な精神で、エントツによじのぼっていたというのである。心神喪失とか心神耗弱《こうじゃく》といった状態では、おおよそない。つまり、当局さえその気になれば、刑事責任を追及することはできたのである。まあ、毛布一枚の窃盗ぐらいでは、たいした罪にもならなかっただろうが。

だが、新聞には「精神薄弱」だと、報道された。「気違いだ」とのコメントを、週刊誌につたえた皇宮警察本部長もいる。

人格にかたよりはあるが、病気ではない。この内村による所見を、当局は病気だというふうにねじまげた。そして、病気だから訴追はしないというストーリーを、公表させたのである。じっさいには、O・Sにも責任能力があったのに。

この点について、内村の回顧録は、なかなかふくみのある書き方をしめしている。以下に、その部分をひいておく。

「当時二十一歳のこの青年が、その後、いかなる理由で精神鑑定に付され、またその鑑定結果を、検察官がいかに解釈したかの問題は、ここでは措くとして、ただ、この青年が不起訴となって郷里に帰されたことだけをしるしておこう」

　自分は、医師としてまちがった見たてをしたわけではない。O・Sは、「分裂病質」だと判断できたから、そういう鑑定結果を下しただけである。それを、「精神薄弱」だとか「気違いだ」と言いたてたのは、べつの人間だ。自分のやったことでは、けっしてない。

　内村は、ここで事実上、そんなふうにのべている。文字どおりそう明記したわけではないが、そう書いているのと同じである。

「宮中に関係のある事件なので、関係当局は当時、できるだけこれを内密にしようとしていた」。内村は、この回顧録でそうも書いている。内村じしんにも、公言をはばかる部分はあったろう。奥歯にものがはさまったような書き方になっているところを読むと、そう思う。

　O・Sが内村に抗議をつきつけたことは、さきにのべた。内村によれば、つぎのようないきさつからの抗議であったらしい。

「この事件のあと二年近くを経たころ、『週刊朝日』の特別号は……この青年が、精神鑑定の結果、精神異常と判断されて、不起訴になったとしるしたので、青年はおそらくこれに憤慨したのであろう、私に宛てて長い抗議文を送って来た……要するに、精神異常の烙印を押すことは、自分の自尊心を踏みにじるものだというのである。そして、自分がノーマルな人間としての自信を取り戻すことができるように、鑑定結果を知らせてほしいと結んであった」

O・Sが怒るのはもっともだという思いは、内村にもあったろう。じっさい、「少しの異常も認められな」いのに、「気違いだ」と評されたのである。しかも、『週刊朝日』によれば、東大がそう鑑定したことになっていた。

ちがう。そうじゃあない。「気違いだ」と言いだしたのは、べつの連中だ。自分ではないし、東大でもない。内村の文章からは、O・Sにたいする、そんな弁明めいたニュアンスもくみとれる。そう弁明したいから、この話を書いたという一面も、あるだろう。

貴重な記録である。当局者が鑑定結果を曲解した。そのことを、たとえ間接的にではあれ、この文章はつたえている。当局が、こういう事件を精神異常でかたづけたがることをしめす、数少ない資料だと評せよう。

「分裂病質」と「分裂病」は、ぜんぜんちがうと、さきに書いた。しかし、どうだろう。専門家はともかく、一般人にはこの両者、なかなか区別がつきにくいのではないか。「分裂病質」と言われれば、精神疾患の一種かなと感じるむきも多いと思う。当局者にしてみれば、好都合な面もある用語だといえる。反・皇室分子を異常者にしたてたいと、かりに彼らがねがっていたとしよう。そんなとき、健常者か精神異常者かという二区分しかなければ、どうなるか。答えはあきらかである。反・皇室分子を健常者だとみなさなければならないケースも、けっこうでてくるだろう。

だが、もうひとつ、「分裂病質」あるいは「精神病質」という概念があればどうなるか。皇室に正面からはむかうようなひとは、人格がかわっている。しかも、社会に迷惑をかけているというような話に、なりやすい。だから、たとえ医学的に異常がなくても、「分裂病質」とよぶことは可能である。

そして、世間のしろうとは、「精神病質」も精神病の一種だと誤解する。つまり、反・皇室分子は異常者だというイメージを、世間へまきちらすことができる。当局には都合のいい用語だと考えるゆえんである。

「精神病質」という概念が、日本で普及しだしたのは、第二次大戦の敗戦後であろう。法律にしるされたのは、「優生保護法」（一九四八　昭和二十三年）が最初ではないか。

反・皇室分子を、異常者として大衆へ知らしめる。このレッテルはりも、必然的に戦後のほうが、やりやすくなったはずである。

そして、敗戦後には不敬罪がなくなった。反・皇室分子を、不敬だという理由で弾圧することが、不可能になったのである。じじつ、投石少年N・Kもエントツ男O・Sも、不敬容疑でつかまったわけではない。

不敬漢として罪を問えないなら、せめて異常者という烙印をおせないものか。こう当局者が考える度合いも、戦前戦中までより強まったかもしれない。

烙印の需要が増大したから、「精神病質」という概念が普及した。もちろん、ただちにこう考えるのは、短絡的だと思う。しかし、「精神病質」概念は、不敬罪がなくなったころに、浮上した。時期的には、符合するのである。偶然の一致かもしれないが、両者には結果的に通じあう部分もあったと、考えたい。

「精神病質」という概念に、歴史を読む

話はさかのぼるが、一九二三（大正十二）年には、虎ノ門事件がおこっている。摂政・裕仁《ひろひと》を、難波大助という男が銃撃した事件である。常人になしうる犯罪ではないということで、大助は精神鑑定にかけられた。しかし、鑑定を担当した呉秀三は、ど

こにも異常がないという所見を下している。

この見たてに異論をとなえる精神科医が、三十七年後に登場した。東京女子医大の教授・千谷七郎である。左に、その反論を引用しておこう。


「難波大助こそ、精神病質的ファナティケルの典型である……私どもの大先輩である呉秀三先生の詳細な鑑定書……の上に、私の如き末輩がこのような見解を発表することは、あるいは不遜の謗《そしり》のあらんことを恐れないのではないが、その後四十年近くの歳月の経過する間に、精神医学はファナティズムを含めて精神病質人格に関する知識を多少とも豊富にしえているので、この点は寛容して頂けるかと思う」（「現代の狂気――ファナティズムとヒステリー」『自由』一九六〇年四月号）

昔は、あまり「精神病質」のことを問題にしなかった。だが、今ではそれに関する知見が、ゆたかになっている。そして、そんな今日の目でながめれば、難波大助も「精神病質」と判断しうる。「大先輩である呉秀三先生」の異常なしという鑑定は、時代おくれになっているというのである。

一九二〇年代には正常だとされた。だが、二十世紀のなかごろには、その同じ被鑑定人・難波大助が「精神病質」になるという。時代が下がるにつれて、「精神病質」を強調しだす趨勢にあることが、よくわかる。やはり、戦後になってからのほうが、その烙印をおされやすくなったとは言えるだろう。

じつは、呉秀三も「精神病質」という概念があることを、知っていた。というか、そもそも、この概念を日本へ最初に紹介したのは呉なのである（一九一八年）。いや、それどころではない。呉は、難波大助にもその傾向があることを、鑑定書に書きとめていた。「精神的異常気質と関係ありとは云うべし」、「多少の精神的異常気質あるならんか」、などという指摘がそれである。どうやらこれらの文句を、三十七年後の千谷は見落としていたらしい。

もっとも、呉がそのことを、あまり強調しなかったのは事実である。それこそ、後世の医者が見のがすていどにしか、しるさなかった。鑑定の結論としては、「精神的には何等欠陥を認めず」というように、とどめている。

そして、戦後の医者たちは、しだいにその部分を強調するようになっていく。たとえばO・Sを鑑定した内村祐之がそうだった。難波大助の「精神病質的ファナティケル」を力説した千谷七郎も、そうである。ひょっとしたら投石のN・Kも、そう鑑定されていたのかもしれない。

だが、最近は「精神病質」という概念が、きらわれだしている。今では、ほとんど聞かなくなってきた。

じっさい、この考え方を拡大解釈すれば、過激な社会活動家はみなこれにふくまれてしまう。闘争的な運動家は、医者の立場から人格がおかしいと言われることに、なりかねない。悪用すれば、反体制は異常なんだという、治安対策用のイメージづくりにも役立とう。一九六〇―七〇年代の学生運動をつうじて、きらわれていったのも自然のいきおいである。

同じことは、反・皇室分子のあつかいについても、あてはまる。一九七〇年代になれば、彼らにも「精神病質」というラベリングは、しにくくなったろう。あいつらは異常なんだと、世論にむけてアピールすることも、むずかしくなったはずである。

しかも、N・Kの鑑定が捏造された可能性を強調するメディアさえ、出現しはじめた。『女性自身』の、数度にわたる報道を思いおこされたい。こうなると、鑑定を政治的に左右することも、やりにくくなってくる。

では、N・KやO・Sのような人物は、どうやってとりあつかえばいいのか。けっきょく、こういう事件の発生を未然にくいとめるしか、方法はないだろう。警備体制が強化されていく背景には、こんな事情もあったりするのかもしれない。

第四章　フレーム・アップができるまで

皇室警備と「精神障害者」

天皇が外出することを、「行幸《ぎょうこう》」という。そして、この言葉は天皇にしかつかわない。皇后や皇太子などの外出は、「行啓《ぎょうけい》」とよぶ。太皇太后、皇太后、皇太子妃の場合も、「行啓」になる。それ以外の皇族については、「御成《おなり》」という言葉を使用している。

天皇皇后夫妻がそろってでかけるときは、「行幸啓《ぎょうこうけい》」ということになる。「行幸」と「行啓」をかさねあわせて、そうよんでいる。いっぱんにはなじみのない用語であり、混同もされやすいので、あえてくわしくのべておく。

さて、その「行幸」や「行啓」だが、ひとりだけで外へ出ることは、ありえない。かならず、大勢のスタッフが随行する。さらには、大がかりな警備人も、いっしょに移動する。

天皇家のひとびとに、もしものことがあってはいけないと思うのだろう。「行幸」

や「行啓」にさいしては、ものものしい警戒態勢をしくのがふつうである。それも「行幸」などの当日だけにかぎった話ではない。ずいぶん前から、厳重なチェックがなされることになる。

一九七四（昭和四十九）年のことである。天皇皇后夫妻は、植樹祭臨席のため岩手へ「行幸啓」をした。そのときに警備を担当した岩手県警の記録が、ここにある。天皇警備の内情をしめす貴重なデータである。以下に、その要点を紹介しておこう。同本部では「行幸啓」の一年前から、つぎのような防犯対策をたてていた。

「全県下に『警衛警護要注意者の発見把握、要注意者、精神障害者の実態把握、潜在要注意者の発見、警衛情報の収集』を支柱として、全戸家庭訪問、会社・事業場等についての防犯指導、継続視察を要する警衛要注意者の抽出把握および格付の検討と具体的動向把握、その他迷惑行為、有害環境の排除活動を推進するとともに、銃砲刀剣類、火薬類等危険物の取締り、精神障害者の実態把握と防犯措置の徹底を期した」（岩手県警察本部『天皇陛下・皇后陛下行幸啓警衛警備記録』一九七四年）

さまざまな警戒すべき対象が、あげられている。なかでも、「精神障害者の実態把握」に力点がおかれている点は、興味をひく。

精神異常者は、なにをしでかすかわからない。「行幸啓」をじゃまする可能性も、じゅうぶんある。あらかじめ、その所在をしらべあげ、不穏な行動を封じこめておかねばならない。以上のような判断が、警備当局にはあった。事前チェックの重点項目にリストアップされているのは、そのためである。

警備記録のなかにある「要注意者対策」という欄に、うつりたい。これによれば、精神異常者の「把握と措置」は「防犯課」があたることになっていた。じじつ、同課の「視察対象」としては、つぎのような項目があげられている。

一、精神病者および精神薄弱者（筆者註　今は知的障害者とよぶ）

二、精神病的性格異常者、変質者

三、アルコール等の中毒者

なお、反・天皇制分子などについては、「公安課」と「警備課」があたることになっていた。暴力組織は、「捜査課」の管轄になっている。

では、警備当局は、どのようにしてこれらの「要注意者」をチェックしたのだろう。

県警は、都合一年にわたる警備期間を、もうけていた。そして、その一年を三期にわけている。第一期は、前年六月から九月まで。この時期には、「要注意者」の実態把握に力点がおかれていた。

警備記録には、「要注意者カードの作成整備」とある。さらに、「昭和四五年八月『警衛要注意者名簿』の検討」という文言もある。当局は、精神異常者をふくめた「要注意者」の名簿を、つくっていたのである。

さらに、前年の十月から当該年の二月までが、第二期。この時期には、名簿作成の継続とともに、具体的な警備方針がきめられた。記録には、「視察区分の検討」、「視察責任者の指定」、「対策、措置の樹立」としるされている。

1974年、岩手での植樹祭に参加した昭和天皇

そして、三月から「行幸啓」までは、その方針にしたがって、視察などがはじまった。とくに警戒を要する「要注意者七二名については……行幸啓の七日前から張付け視察」をさせている。つまり、尾行をつけたのである。さらに、

警衛部隊員へは、「要注意者小冊子」が配布されていた。「要注意者の……一二七名に対し顔写真、格付、身体特徴、経歴等」がしるされた冊子である。

天皇皇后夫妻は、五月十九日に岩手へ到着した。そして、六日後には県内各地での行事をおえて、東京へ帰っている。「行幸啓」は、なにごともなく終了した。県警を中心とした厳重な警戒は、トラブルの発生をみごとにくいとめたのである。

「要注意者」のカードとプライバシー

それにしても、「要注意者カード」がつくられているという点には、うならされる。しかも、写真等をそえた「要注意者小冊子」さえ、警備陣にはくばられていたのである。

前科者や容疑者のリストではない。精神病者や精神病質者をふくめた「要注意者」の名簿が、できていた。もちろん、当人にはまったく知らせずに。

こういうやりかたは、「要注意者」のプライバシーをおかしている。人権を侵害している。岩手の場合にかぎらず、「要注意者」の立場からは、そんな反発もおこりうるだろう。じっさい、この点で警備のありかたに批判をつきつける論者は、すくなくない。

そのせいもあるのだろう。警察が警備の実態を世間に公表することは、あまりない。「行幸」などに関する公式の警備記録類も、公然と書くことを、ふつうはさけている。精神病者や精神病質者のリストアップに言及した資料は、すくない。

この点で、それをどうどうと記載させた岩手県警の記録は、重要だといえる。どうして、これだけ正直な報告書が発行されたのか。かえって、そのことがいぶかしく思えてくる。よほど、人権意識が希薄だったのか。それとも、「行幸啓」の警備を無事やりとげられたのが、それだけうれしかったのか。

いずれにせよ、悪びれずに警備の実情を書いてくれた点は、ありがたい。警察がどういうことをやっているのかを知る、貴重な資料になる。岩手への「行幸啓」を、私が特筆したのも、そのためである。

もっとも、この記録がじゅうぶんに書きとめていなかった部分もある。たとえば、「要注意者カード」をじっさいに作成していく手順である。いったい、どうやって「要注意者」を発見し、彼らに関する情報をあつめたのか。その具体的な方法が、いまひとつ読みとれない。

精神病者や精神病質者については、精神病院へ問いあわせるのが、てっとりばやかろう。あるいは、入院患者の情報がおくられてくる保健所に、照会をもとめるという手もある。おそらく、岩手県警もそれに類した調査を、おこなっていたのだろう。だが、県警の報告書は、その点に関する詳細をはぶいている。

さきにものべたように、こういうチェックは、しばしば人権侵害として問題にされることがある。たとえば、以下のように。

「入院患者の氏名住所、その病名その他患者本人のプライバシーがすべて保健所に明らかになってしまう……その情報が警察に流れることはほぼ確実である。現実に皇族がくる地方で保健所に対して『精神病』者の情報を渡せという要請があるのは恒例である」(長野英子『精神医療』一九九〇年)

精神保健法による届け出の義務は、プライバシーの侵害になる。皇室警備のさいには、保健所へ届けられた情報が、警察へつつぬけとなってしまう。筆者の長野は以上のように批判する。

この本は、反・精神医学的なスタンスで書かれている。そこに一種の偏向を感じ、その内容を疑問視するむきもあるだろう。だが、警察が保健所等にこういう要請をしているという指摘には、蓋然性がある。とにかく、警備当局はすみやかに「要注意者カード」をととのえたいと、ねがっているのである。こういう要請を病院や保健所にすることがあったとしても、不思議はない。

もうひとつ、べつの証言を紹介しておく。精神科医の浅野誠による証言である。

「私が以前館山の病院に勤めていたときの話なんですが、皇族の行幸があるとかで、地元の警察から『おたくの病院には危険人物はいないでしょうね』という照会があったんです。でも、精神病院にそんな人間がいるわけはない。彼らぐらい天皇を尊敬している人は世の中にちょっといないから、危険なんてあるはずはないんです」（「『もうひとりのアリス』をめぐって」『精神病を知る本——別冊宝島五三』一九九〇年）

精神異常者はあぶないという考え方を、浅野は否定する。すくなくとも、天皇に関するかぎり無難だという。「患者たちは、ほとんどが天皇と巨人のファンであると言ってもいいんじゃないですか……彼らは共同幻想にもっとも浸食されている人たち、無防備な人たちなんですね……排除されているからこそ……幻想の中心である天皇や、強い巨人にすがろうとしていくのです」

こういう浅野の考え方が正しいのかどうかは、わからない。だが、皇族の「御成」にともない、警察が病院へ照会をもとめたのは、事実である。浅野個人は、どうやら警察にたいして、つれない返答をしたらしい。しかし、警備側が病院の情報を入手したがっていることは、うたがえないだろう。

浅野は、「以前館山の病院に勤めていた」という。これは、同和会千葉病院のことをさす。そして、この病院へは、警察から「要注意者」に関する問いあわせがあった。のみならず、同種の照会があったという話のつたわる病院は、ほかにもけっこうある。

だが、精神科のあるすべての病院が、こういうチェックをうけるのかどうかは、不明である。また、警察がどのていどまで病院にリストの提出をせまれるのかも、わからない。いくつかの病院には、そういう要請があった。それにたいして、返答をしぶるところもあれば、応じるところもある。いまのところ、確実に言えそうなのは、そこまでである。

昔は、ちゃんと警戒したものだ

いっぱんに、警察は精神異常者にたいする警備の記録を、そうくわしくしるさない。病院等にたいする問いあわせの内情を、公式の報告書へ記載させることも、まずないと思う。

だが、これは第二次世界大戦の敗戦後にかぎった現象である。戦前までの警備記録を読むと、様相は一変する。古い時代の記録は、精神異常者の人権やプライバシーに、まったく拘泥していない。いともあけすけと、彼らに対するチェックの経緯を、公式報告書へ書きとめている。

たとえば、一九二九（昭和四）年に、『大礼記録』と題された報告書が、刊行された。前年の十一月に、昭和天皇の即位式（大礼）が挙行されたことは、よく知られていよう。その式典にまつわる警備の記録などを、警視庁でまとめたのがこの本である。

それによれば、警視庁は衛生部長の名前で、各精神病院長につぎのような通牒をだしていた。一九二八（昭和三）年十月四日に示達された文書である。

「精神病院の管理及収容病者の監護に関しては予《かね》て遺憾なきを期せられつつ有之候ことと存じ候え共本秋挙行在らせらるる大礼期日も漸次相迫り万一不注意の為病院内又は収容病者に因り諸種の事故を惹起するが如きことあらんか洵《まこと》に恐懼《きょうく》に不堪《たえざる》次

第に付一層取締規則を厳守すると共に病院職員の監督を励行し遺憾なきを期せられたく……」

万が一、患者がなにかしでかしたらたいへんだから、厳重に監視をするように。これが、各病院にたいする警視庁の基本的な注文である。さらに、同庁は以下のような個別の要求も、この通牒に書きそえた。

「一、在院中の精神病者にして上書建白其の他公安を害する処ある病者の検診を一層励行すること
二、在院中の病者の退院は其の都度《つど》之を所轄警察署に届出て公安上危険ありと認むる病者に付ては其の退院前予《あらかじ》め所轄警察署に届出ずること
三、……」

精神異常者にたいする照会が、公然となされていた。そのあからさまな様子が、よくわかる。

さらに、警視庁は各病院へ、臨検視察のため衛生部の係員を派遣させていた。しか

も、十月二十四日から大礼終了の十一月末日まで、二度にわたっておくりこんでいる。患者の監視、外出の制限、とりわけ脱走防止の対策を徹底させるためである。

もちろん、病院へ収容されていない精神異常者のチェックにも留意した。「各署一斉調査の結果……三百七十名の未登録精神病者を発見することを得成績大いに見るべきものあり」。『大礼記録』は、そうほこらしげにしるしている。さらに、要注意の非監置精神病者には、張込みをおこない尾行をつけていた。

なんとも、おおげさな警戒ぶりである。また、その警衛警備ぶりをどうどうと書きっている点にも、うならされる。おなじことを、かりに今日やっていたとしても、まず公式報告には書けないだろう。警察の内部資料として、極秘に処理されるはずである。いわゆる人権意識が、このころと戦後ではちがうのだというしかない。

もちろん、大礼はとくべつなイベントであった。他の「行幸」や「行啓」を、これと同列にあつかうわけにはいかないだろう。だが、警備の基本方針については、大礼のやりかたが踏襲されていた。

そのことを如実にしめす資料が、ここにある。「地方行幸と内務省」なる座談記録である。一九六七（昭和四十二）年のことであった。行政官のOBたちがつどって、戦前の天皇「行幸」をしのぶ座談会を、ひらいている。往時の警備体制を今日に伝える、数少ない資料だといえる。

さいわいその記録は『内務省史』の第三巻（一九七一年刊）に収録されている。そのなかから、石井栄三の語る回顧談をひいておく。なお、石井は一九四〇年代のはじめごろに、神奈川県警の警務課長をつとめていた。敗戦後の一九四七（昭和二十二）年からは、警視庁の警務部長になっている。その石井が、往時と当代をくらべ、こんなことを言いだした。

「昔は、精神病者という者は、ちゃんとリストがあって、警察官がご警衛の直前には検索を徹底して、未監置精神病者の監視をしたものです。戦後は、そういう点では、戦前と較べると、徹底を期しているかどうか、ちょっと疑問ですね」

戦前期には、鉄壁の警備態勢をしいていたという。大礼だけが、とくべつであったわけではない。他の「行幸」、「行啓」にさいしても、精神異常者は大いに警戒されていたのである。

もちろん、戦後でも精神異常者は、皇室警備当局から警戒されつづけた。岩手県警の警備記録などから、そのことはじゅうぶんおしはかれる。だが、精神医療へ戦前ほど露骨に介入することは、むずかしくなっただろう。病院への指導も、そうおおっぴらにはやれなくなったと思う。

警戒そのものは継続されたが、より秘密裡にことをはこばざるをえなくなってきた。そのぶん、警衛のコストは上がったろう。あるいは、戦前より疎漏がふえたかもしれない。石井栄三のような警務畑の警察人は、そのことを皇室のために心配していたのである。

ところで、昭和の大礼があったころだと、精神病院は警視庁の管轄下におかれていた。警視庁が、精神病院を指導する監督官庁だったのである。警察は、この点でも、今よりはたやすく病院へ介入できたかもしれない。それだけ、治安的な役割が、精神病院には期待されていたということなのだろう。

一九三八（昭和十三）年には、厚生省が新しく創設された。精神病院も、以後はそちらの所管にうつされている。その意味では、すでに戦前期のころから、脱警察的な自立の傾向があったといえようか。

「昭和十三年には厚生省ができ、刑事が病院会議の模様をひそかに探るなどということはなくなり、院長が警視庁へ『召喚』などということも昔話になったが、皇室

関係の行事などがあるときは、なお所轄警察の『厳重な注意』がきた」(『精神科医三代』一九七一年)

戦前の青山脳病院について、同病院にいた斎藤茂太は、そんな回想をのべている。皇室がからむときだけは、厚生省ができてからも、警察がチェックにきたらしい。やはりそれだけ、皇室警備にさいしては、精神異常者の動静が気になっていたのである。

いつから精神異常者はチェックされだしたのか

話はさらにさかのぼる。明治天皇の「行幸」警備について、語りたい。

一八八五(明治十八)年のことである。明治天皇は、中国地方への「行幸」にでかけ、山口県にたちよった。その山口で、「行幸御警衛心得」という規程が、つくられている。天皇の警衛警備はいかにあるべきかをしるした「心得」である。当時としては詳細にわたるもので、資料としてのねうちもある(尾佐竹猛《おさたけたけき》「行幸御警衛心得解題」『明治文化全集』第十七巻 一九二八年)。

だが、精神異常者の事前調査に言及した箇所はない。名前のリストアップや、「要注意者」の尾行を励行するような文言も、欠けている。昭和天皇の『大礼記録』などとくらべれば、ひどくあっさりした警備ぶりではあった。

わずかに、その「第三十一条」が、こんな条文をしるしている。精神異常者のとりあつかいをのべた、唯一の記述である。

「酔狂発狂人等不体裁ノ者アラバ脇道へ退カセ不都合ヲ生セザル様注意スベシ」

見物人に精神異常者がいて、見苦しければ脇道へしりぞかせろという。ただそれだけの「心得」にとどまっている。どうやら、当時の警備当局は、それほど精神異常者をおそれてはいなかったようである。むしろ、「不体裁」なその外見をいやがる気分のほうが、強かったらしい。

では、いったいいつから、精神異常者のチェックに力をいれだしたのだろう。あの連中は、皇族の行事にたいしてなにをしでかすかわからない。あらかじめ厳重に警戒をしておく必要がある。こんな考え方が、警察にめばえていったのは、何年ごろからか。

明治天皇の暗殺をもくろんだとされる大逆事件は、一九一〇（明治四十三）年に発生した。天皇の「行幸」に、爆裂弾をなげこむ計画があったということになっている。警察史にくわしい荻野富士夫は、これをきっかけに皇室警備が、質的に変容したという。直接警備だけではなく、間接的な事前対策にも力をいれだしたとのべている（『昭和天皇と治安体制』一九九三年）。

もちろん、精神異常者にたいする間接警衛も、こうした趨勢のなかで重視されていく。以下、しばらく荻野の研究にしたがって、その経緯をたどりたい。

一九一一（明治四十四）年には、皇太子・嘉仁《よしひと》（のちの大正天皇）が、北海道へ「行啓」した。その警備にさいして、北海道庁警察は「注意人物取締規定」を策定する。これによれば、「注意人物」は、以下のようなカテゴリーに分類されていた。すなわち、「一　特別要視察人　二　要視察人　三　精神病者」の三者である。

具体的な取締まり方法としては、尾行や臨時検束などがあげられている（北海道庁警察部『東宮殿下行啓記念』一九一二年）。「精神病者」への警戒心も、このころから顕在化したらしい。

大正天皇は、一九一五（大正四）年に、京都で即位の礼を挙行した。もちろん、このときも精神異常者が事前にチェックされている。のみならず、警備の記録にはこうしるされた。要注意人物のなかでも、「精神病者ノ取締ハ最モ困難ナル事項」である、と。さらに、「精神病者視察内規」さえ制定され、非監置病者が監視されている（『大正大礼京都府記事［警備之部］』一九一六年）。

昭和天皇の大礼警備で、精神異常者対策が鉄壁の域にたっしたことは、すでにのべた。一九一〇年代から重視されだし、二〇年代の末には、警戒心がピークにまでふくらむ。皇室警備の担当者が精神異常者にいだくまなざしは、そんなふうにかわっていったのである。

そして、それはひとり精神異常者だけの問題ではありえない。荻野にしたがえば、間接警備のありかたそのものが、そうやって強化されていったのである。

一九一〇年代から、皇室警備のありかたが、かわりだす。荻野によるこの指摘は、他の文献からもうらづけることができる。たとえば、『皇宮警察史』（一九七六年）という本がある。そのなかで編者たちは、「精神異常者取扱」のかんたんな歴史を、論じている。以下に、その一部を紹介しておこう。

皇宮警察のスキをねらって、皇居への侵入をもくろむ精神異常者は、昔からいたらしい。そのための対策は、一九一〇年代の中頃から成文化されるようになる。

たとえば、「大正三年十二月……精神病者と認むべき者が来門した際の報告要領」が、つくられた。「大正三年」だから、一九一四年のことになる。「さらに翌年一月、精神病者その他警察上注意を要すべき者の取扱いについて定めた」という。

精神異常者対策は、「行幸」や「行啓」についてだけ強化されたわけではない。皇居の警備においても、同じく一九一〇年代から厳重になっていったのである。

さらに、『警視庁史・大正編』（一九六〇年）にも、注目してみたい。一九一九（大正八）年に制定された精神病院法について、おもしろいことを書いている。

当時の精神異常者は、その多くが私宅の座敷牢などに監置されていた。治療も、大半は民間療法にたよっている。医療設備のある病院で、治療をうけるものは、ごくわずかしかいなかった。呉秀三《くれしゅうぞう》がその点で国の無策をなげいていたことは、よく知られている（『精神病者私宅監置ノ実況』一九一八年）。

精神病院法は、この状態を改善するためにつくられた。病院数を各地でふやし、より多くの患者に近代的な医療をほどこすことが、めざされている。じじつ、この法律では病院経費への国庫補助も、はかられた。精神異常者への、福祉を配慮した立法措置だといえよう。

だが、それとはべつに、治安対策めいた一面があったことも、見おとせない。『警視庁史』は、その点についてこう書いている。

「非監置精神病者の視察取締は、警視庁にとって大きな悩みの種であった……私宅監置のため家族等の隙に乗じて往々凶悪な犯罪を敢行し、また警衛上多くの危険性があったので……」

精神異常者はあぶないので、野ばなしにはせず病院へ収容する。そんな意図も、暗々裡にはこめられていたらしい。当時の内務大臣・床次《とこなみ》竹二郎も、精神病院法制定の理由に、議会でそのことをあげている。現状は、「精神病者ノ保護治療ハ勿論公安上不備少カラザル」から、と。

では、どんなことが、治安対策上の問題になっていたのだろう。『警視庁史』は、「警衛上の事故」例として、「非監置精神病者の直訴事件」をあげている。彼らが天皇に直訴することを、ふせぎたい。のみならず、接近することもくいとめたい。法案の背後には、そんな要請もあったということか。そして、おそらくは、これこそが治安上の最大関心事だったのである。

皇室警備は、一九一〇年代から二〇年代にかけて、間接警備に力点をおきはじめる。精神異常者の動向把握にも、エネルギーをそそぐようになっていく。そんな状況下に、患者の病院収容を高唱する精神病院法（一九一九年）が、つくられた。法制定の裏面に、皇室警備上の事情を想像したくなってくるゆえんである。

狂人扱いを予感していたテロリスト

難波大助が摂政・裕仁《ひろひと》を狙撃したのは、一九二三（大正十二）年の十二月二十七日であった。その前日に、彼はいくつかの新聞や雑誌へ、テロの予告状をおくりつけている。自分は共産主義者として、摂政をうつという声明文である。

いったい、なぜこのようなことをマスコミに、うったえたのか。予審の取り調べでそう問われた大助は、つぎのようにこたえている。

「私が新聞社へ手紙を出しました理由は、これまで皇族に対して危害を加えるものを往々狂人扱いにすることが、権力者の常套手段であることがうかがわれたので、私は決して狂人ではないことを証明するため、また一つは私はどこまでも共産主義者で……ということを証明せんがために新聞社に発送したのであります」（「予審調書」――岩田礼『天皇暗殺』一九八〇年）

「狂人扱い」されるかもしれない。大助には、そんな予感があった。だからこそ、それをさけるために、マスコミへ声明文をおくりつけたのだという。じじつ、予審段階の当局は、大助＝狂人説の立証に全力をあげていた。彼の予感は的中したのである。

こういう予想がなりたったという点は、興味ぶかい。皇室へはむかうものを、「狂人」としてつたえることがふえている。そんな時代背景があればこその予感では、あったろう。

たしかに、一九一〇年代からは、精神異常者の直訴がしばしば報道されている。皇居乱入をくわだてた精神障害者の記事も、なくはない。じっさい、警備当局も、このころから彼らへの警戒を強めている。

もっとも、それらが「狂人扱い」なのか、じっさいに「狂人」だったのかは、わからない。すくなくとも、報道の表面からは読みとれない。

「権力者の常套手段であることがうかがわれた」と、大助は予審でのべている。ようするに、そんなカンがはたらいたということなのだろう。

大逆事件（一九一〇―一一年）の犯人は、「狂人扱い」をされてはいない。幸徳秋水たちは、ただ大逆罪で死刑になったというにとどまる。あんなことをやるやつは異常者にきまっていると、きめつけられたりはしなかった。彼らは、健常者として受刑したのである。

大助は、大逆事件の経緯をよく知っていた。とうぜん、「狂人扱い」の詐術がこの事件になかったことも、知悉《ちしつ》していよう。にもかかわらず、彼には「狂人扱い」をされそうだという予感があった。大逆事件よりあとの時代相が、大助にそんなカンをはたらかせたというしかない。

大逆事件のあとで、皇室警備のありようが変わりだす。精神異常者を危険視する度合いが、強くなる。彼らはあぶないという先入観が、増幅する。

と同時に、あぶないのは精神異常者だという思いも、ふくらんでいっただろう。「皇室に危害を加えるもの」がいれば、つい「狂人」ではないかと考えてしまう。そんな風潮も、精神異常者対策が強化されていくなかで、形成されたのではないか。あるいは、反・天皇制分子を「狂人扱いする」ケースも、ふえていったのかもしれない。すくなくとも、そう見えてしまうような事件は、増加しただろう。そして、ついにはそれを、「権力者の常套手段」だと考えるひとびとさえ出現した。

皇室にはむかうものへ、当局が精神異常者だというレッテルをはりたがる。「狂人」だとされた反・天皇制分子がいれば、当局のレッテルはりがあったと思ってしまう。現代にもつづくそんな観念は、難波大助の事件があった前ごろから、浮上しはじめた。ややおおざっぱなストーリーだが、私は今のところそんな見取図をえがいている。

田中正造の直訴はフレーム・アップされたのか

大逆事件のときは、「狂人扱い」のフレーム・アップが存在しなかった。だが、虎ノ門事件の難波大助は、そのことを強く意識するようになっている。そして、じじつ大助は「狂人扱い」をされかけた。

私が虎ノ門事件の前あたりに、時代の画期を読みとる理由の一端は、そこにある。両事件をくらべたときのあざやかなちがいが、根拠のひとつになっている。

日本の近代史にくわしい読者なら、しかし、とうぜん反論をかえしてくるだろう。一九〇一（明治三十四）年におこった、田中正造《しょうぞう》の直訴事件はどうなるんだ、と。

田中正造は、栃木の政治家である。衆議院議員になってからは、足尾《あしお》銅山の鉱毒問題に生涯をかけたことで、よく知られる。銅山から流出する鉱毒は、渡良瀬《わたらせ》川下流の農民たちに、たいへんな被害をあたえていた。その補償を勝ちとるべく、彼らは政府へ請願運動をくりかえす。これを積極的に支援し、運動のシンボルともなったのが、田中正造である。

だが、農民たちの運動は、なかなかその実をむすばない。かえって、銅山側からの弾圧をくらうことさえあった。この問題にばかりかかわりあう正造は、やがて議会でも孤立する。そして、政治に絶望した彼は、衆議院議員を辞職した。

一九〇一（明治三十四）年十二月十日のことである。田中正造は、とうとう最後の手段にうったえた。帝国議会の開院式を終えて帰途についた明治天皇へ、直訴をこころみたのである。

もちろん、直訴状は天皇までとどかない。拝観人の行列からとびだした正造は、警護の騎兵に槍でさえぎられ、けつまずく。そして、たおれたところを警官にとりおさえられた。天皇の行列は、なにごともなかったかのように、その場をとおりすぎていく。

けっきょく、正造は麴町警察署へ一晩勾留されたあとで、釈放されることになる。そのとき、政府が正造を「狂人扱い」にしたという説がある。声望のある正造を、直訴＝不敬として罪に問えば、大きな反発のおこることが予想された。だから、「狂人」だということにして、その身柄をすぐに解放させたと、よく言われる。

「政府はその処置に困って、狂人として、早々に彼を釈放した」（林竹二『田中正造の生涯』一九七六年）

「驚駭《きょうがい》した政府は、窮余の策として田中を気の違った人間とし、事件をうやむやのうちに落着させたのである」（隅谷三喜男『大日本帝国の試煉――日本の歴史二二』一九六六年）

「狂人扱い」というフレーム・アップは、一九一〇―二〇年代に顕在化されだした。これが、私の仮説である。だが、田中正造は一九〇一（明治三十四）年に、そのあつかいをうけていたという。虎ノ門事件より二十三年も前に、「狂人」のレッテルをはられていたらしいのである。

政治の無力を痛感、1904年夏、議員をやめた田中正造は谷中村に入り、最後まで残る16戸の農民たちと行動をともにした

しかし、どうだろう。ほんとうに、こんなフレーム・アップはあったのか。

ここに、大正デモクラシーの研究でしられる松尾尊兊《たかよし》の文章を、紹介しておこう。「田中正造の直訴について」（一九七七年）と題された論考である（『本倉《ほんぐら》』一九八二年）。

松尾は、直訴事件をつたえる当時の新聞を調査した。『毎日新聞』、『読売新聞』、『大阪朝日新聞』、『東京日日新聞』、『時事新報』、『万朝報』、『二六新報』の七紙である。だが、正造を「狂人」だったとつたえる新聞は、ほとんどない。

わずかに、『東京日日』だけが、こう報じた。「精神に異常あるものと認め……放免する意向なり」と（十二月十一日）。だが、翌日には釈放の理由を、つぎのように修正させている。「犯罪と認むべき廉なきに依り」と。つまり、最終的にはどの新聞も、「狂人」だとは書いていないのである。

『時事新報』は、東京地裁の検事正・川淵龍起がのべたコメントを、のせている。それによれば、正造の行為も不敬罪というほどのことはないという。ことあらだててとりしらべるにはあたいしないから、放免したと語っている。さらに、精神異常らしいところは、どこにもなかったと明言した。

もし、政府が正造＝狂人説のフレーム・アップをねらっていたとしたら……。こんなコメントは、ぜったい表へでないだろう。さらに、新聞各紙でも、「狂人」だったという報道が大きくなされたはずである。

だが、どこもそんな報道は、していない。つまり、「狂人扱い」のフレーム・アップはなかったのである。田中正造の直訴をめぐる一般通念は、まちがっていたと言わざるをえない。松尾も、それはあやまっていたとのべている。

では、どうしてそんなストーリーが、歴史叙述の中へ定着したのだろう。正造が「狂人扱い」されたと、あとから語られだす理由に、こんどは興味がわいてくる。

狂気の捏造伝説ができるまで

松尾尊兊の仕事を、さらにつづけて紹介していきたい。

じゅうらい、田中正造の直訴については、木下尚江《なおえ》の著作が典拠とされてきた。正造の伝記をあらわした、以下の三冊である。

㈠『田中正造翁』（一九二一年）
㈡『田中正造之生涯』（一九二八年）
㈢『神　人間　自由』（一九三四年）

この三冊には、重要な差異がある。直訴事件の事後処理をあらわす、その書き方がおのおのちがっている。

まず、㈠だが、これには正造の放免処置に関する言及がない。だが、㈡にはこうある。「狂人と云う事にして、不問に処置したのであると云う一般の流説」があった、と。そして、㈢ではつぎのようにしるされた。「政府側の熟慮の結果で、『狂人』として取扱ったものだ」というように。

正造が「狂人扱い」されたという俗説は、㈢の『神　人間　自由』に由来する。後世の論者は、みなこの本を踏襲しているのである。

注目すべきは、㈠から㈡、そして㈢への変化であろう。一九二一（大正十）年の㈠は、「狂人扱い」があったと書かなかった。だが、一九二八（昭和三）年の㈡は、そういううわさがあったとのべている。そして、一九三四（昭和九）年の㈢は、「狂人扱い」をされたと断定した。

木下尚江の田中正造伝は、時代が下がるにつれてフレーム・アップ説を、浮上させている。あとで書いたものほど、「狂人扱い」というストーリーを肯定的に展開した。最初はきちんと事実をつたえていたのに、だんだん虚説へ傾斜したのである。

同じ筆者の同じテーマに関する筆致が、時代とともに変わっていったのはなぜか。慎重などうして、ありもしない「狂人扱い」を、あったかのように書きだしたのか。慎重な歴史家である松尾は、その理由をしるさない。ただ、木下の三冊にあらわされた書き方がちがっていると指摘するに、とどめている。

ここに、私じしんの解釈をしめしておく。

木下尚江の田中正造伝は、厳密な考証によって書かれているわけではない。個人的な交誼があったせいでもあろう。記憶にたよって正造の生涯をあらわしていった部分も、けっこうある。そして、そういう部分の記述は、あやふやになりやすい。

木下は、正造がふつうに釈放されたことを、はじめのうちはおぼえていた。だから、最初に書いた『田中正造翁』（一九二一年）では、フレーム・アップを語らない。

だが、このころには、反・天皇制分子を「狂人」だと認定するケースがふえていた。直訴事件についても、同じことが言える。「狂人扱い」のフレーム・アップがありうるという観念も、ひろく蔓延しだしていた。この新しい時代相が、正造の伝記を書く木下にも、影響をあたえていく。そして、しだいにその書き方を、左右するようになりだしたとは言えまいか。

一九二八（昭和三）年には、「狂人扱い」のうわさがあったと書きはじめる。そして、一九三四（昭和九）年には、「狂人扱い」をされたと書ききった。こういう叙述の変化は、時代相の変容そのものとも対応する。

おそらく、木下は直訴当時の記憶を、しだいになくしていったのだろう。そして、そのかわりに新しい時代潮流へよりそった叙述を、採用していった。「政府側の熟慮の結果で、『狂人』として取扱った」という。こんな文章が書かれるまでにいたった背景には、以上のような事情があったと考えたい。「狂人扱い」は、虎ノ門事件の前ごろから、顕在化しはじめる。この仮説への反証として、田中正造の直訴事件をもちだすひとに、こたえたい。

正造が「狂人」として処理されたという俗説は、まちがっている。いや、それどころではない。この俗説じたいが、一九二〇年代になってから、浮上していった。新しい時代状況の産物なのである。正造の直訴にまつわる俗説の形成過程もまた、私の仮説を傍証しているように思えるのだが、どうだろう。

第五章　ニコライをおそったもの

司法の伝説と大津事件

ロシア帝国最後の皇帝・ニコライ二世は、即位前の皇太子時代に、来日したことがある。一八九一（明治二十四）年の四月から五月にかけてのことであった。

その皇太子ニコライが、日本でたいへんな目にあわされたことは、よく知られている。いわゆる大津事件である。大津遊覧中の五月十一日、ニコライは警備担当の巡査・津田《つだ》三蔵《さんぞう》におそわれた。帯剣できりつけられ、骨にまでとどくようなケガを、頭部におわされたのである。

このできごとは、時の政府にたいへんな衝撃をあたえる。将来のロシア皇帝に、日本人がおそいかかり、大ケガをさせてしまった。へたをすれば、ロシアから報復をうけることになるのではないか……。

そんな恐怖、あるいは恐露症におそわれたせいだろう。政府首脳は、犯人の津田を死刑にしてしまうという便法を、思いつく。厳罰の極刑という処置で、ロシアに迎合しようとしたのである。

だが、ニコライはべつにころされたわけではない。軽症とは言えないものの、命に別状はなかった。津田三蔵の罪も、だから殺人未遂であるにとどまる。刑法上の量刑は、どれほど重く見つもっても、無期懲役にしかならない。それを、ロシアの復讐がこわいからという理由で、死刑にしようというのである。

政府首脳は、死刑の口実として大逆罪をもちだした。「天皇三后皇太子ニ対シ危害ヲ加エ又ハ加エントシタル者ハ死刑ニ処ス」(旧刑法一一六条)。これを、外国の皇太子にも適用させようとしたのである。なお、「三后」は、太皇太后・皇太后・皇后の三者をさしている。

無茶なやり口ではあった。ニコライが、この旧刑法にいう「天皇三后皇太子」に該当するとは、思えない。とうぜん、法曹界では政府の方針を批判する声が、あがりだす。死刑ではなく、ふつうの殺人未遂罪を適用すべきだという論調に、なっていく。

当時の大審院院長・児島惟謙《いけん》も、政府の横車をつっぱねた。殺人未遂＝無期懲役が妥当だと考え、その方針にそってさまざまな運動を展開する。たとえば、死刑に反対する意見書を、政府に提出した。また、担当の判事にも、死刑の判決はやめるようにと忠告したりしている。

その運動が実をむすび、大審院は殺人未遂罪を適用した。政府がもとめていた死刑は拒絶され、無期懲役となったのである。

児島惟謙はえらかった。政府の圧力にも屈せず、司法権の独立をまもりぬいた偉人である。三権分立の精神をつらぬいた護憲の神様だ……。以後、児島はそんな伝説にいろどられて語られだす。

もっとも、最近は児島惟謙の神格化に疑問を呈するむきも、ふえてきた。たとえば、大審院での開廷をみとめた点である。大審院は、今日の最高裁判所に相当する。そして、最初から大審院で裁判をおこなうのは、不敬罪の場合にかぎられていた。一般の殺人罪や殺人未遂なら、地方裁判所からはじめるのが筋である。

ロシア皇太子ニコライ・アレキサンドロビッチ（のちのニコライ二世）

政府の意向をうけた検事総長・三好退蔵は、児島に大審院での裁判をもとめていた。はじめから、皇室にたいする罪としてあつかおうとしていたからである。もし、児島が殺人

津田三蔵。1883年に三重県巡査となり、事件当時は滋賀県守山署勤務

未遂の線でいこうとしていたのなら、これをことわるべきだろう。そして、まず地裁からはじめなければならなかったのではないか。

にもかかわらず、児島は大審院での審理を前提として、予審判事をえらんでいる。ひょっとしたら政府よりの不敬罪という線も、どこかでは考えていたんじゃないか。法曹界の世論と政府方針の両者に、当初はふたまたをかけていた可能性もある。

また、大審院で殺人未遂というあつかいがきまったあとの処遇も、問題視されている。皇室に関する罪ではないとされたのなら、その時点で地裁へもどすべきではないか。被告は、地裁↓控訴審↓大審院と、三度の裁判をうける権利をもっている（今日の地裁↓高裁↓最高裁に相当する）。それをないがしろにして、大審院で無期懲役をきめたのはおかしいという声がある。

さらに、児島が部下の担当判事へ公然と干渉を加えた点にも、疑問がないとはいえ

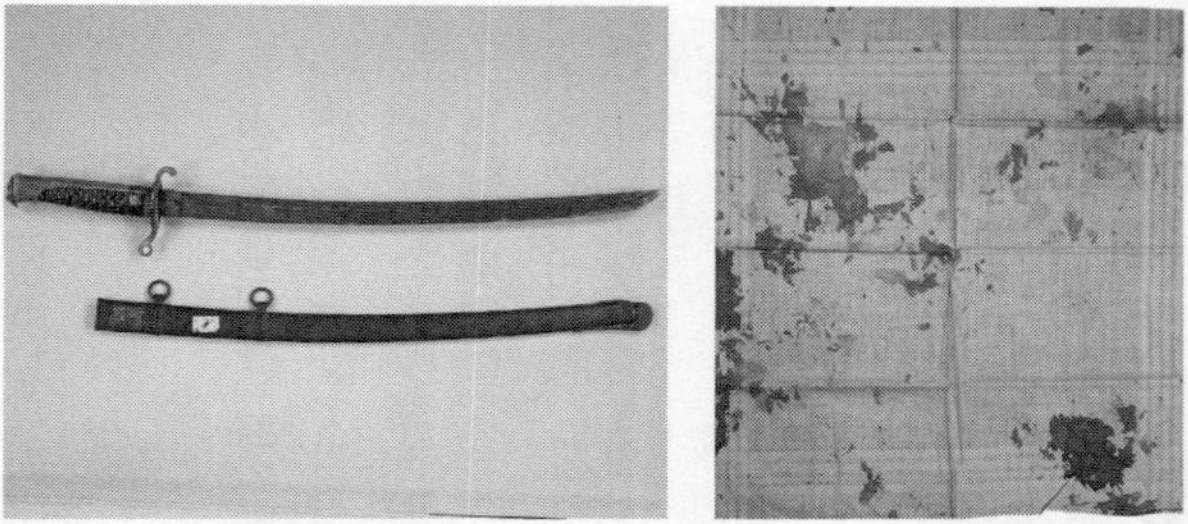

ロシア皇太子をきりつけたサーベルと血染めのハンカチ（滋賀県立琵琶湖文化館所蔵）

ない。彼はあきらかに、裁判官の独立性をおかしている。たしかに、司法権そのものの独立はまもったかもしれない。だが、司法内部でのふるまいには、問題がありそうに思える。

今では、以上のように児島像をとらえなおすことが、ふつうになってきた。護憲の神様という単純なイメージは、相当ゆらいでいると言わざるをえない。

私はさらにここで、新しい問題をもちだしてみたいと思っている。それは犯人・津田三蔵の精神状態をめぐる疑問である。

津田には、精神異常の可能性がある。事件当時も、正常だったかどうかはうたがわしい。心神喪失者だったかもしれないのだ。もしそうだとしたら、無期懲役という判決は重すぎる。もっと軽い罪、無罪という線さえ、ありえたのではないか。

この点を特筆した大津事件論は、じゅうらいあまり書かれてこなかった。軽視されてきた観点だといえる。これからは、あえてそこにこだわりたい。

津田三蔵は西郷隆盛の帰還をおそれていた？

津田三蔵がロシア皇太子へきりかかった理由については、ふたとおりの説がある。ひとつは、ロシア帝国の日本侵略をくいとめるため、凶行におよんだというストーリー。当時の風説に、ニコライの来日を、侵略準備の視察だととらえるものがあった。これを真にうけて、犯行にふみきったという解釈である。

たいていの概説書には、この話がのっている。津田の動機を説明する通説だといってよい。

そして、もうひとつ、裏話風に語られる説がある。それは、西郷隆盛の帰還におびえていたからというストーリーである。あまりひろくは知られていないので、こちらのほうをくわしく紹介しておこう。

西郷隆盛は、西南戦争の敗北により、鹿児島の城山で自害した。一八七七（明治十）年のことだから、大津事件の十四年前になる。だが、その当初から、西郷はまだ死んでいないといううわさが、とびかった。城山ではてたのは別人であり、西郷本人は鹿児島を脱走してどこかに生きのびている。そんな一種の英雄不死伝説が、語られだしたのである。

源義経や豊臣秀頼にも、にたような生存説はある。あるいは、ヒトラーのベルリン逃走説などを、ひきあいにだしてもいい。ともかく、西郷隆盛にも同種の伝説化が、作動したのである。

そのピークは、なんといっても、一八九一（明治二十四）年であろう。この年になると、西郷がロシアで生きのびているという風説が、流布されだす。たとえば、シベリアで西郷を見かけたなどという新聞報道が、ふえてくる。

ロシア皇太子が日本へやってきたのも、この同じ年である。西郷のロシア生存説も、彼の来日となにほどかは連動していただろう。なお、東京の上野に西郷の銅像をおくことがきまったのも、この年のことであった。

ニコライの来日は、三月にはいってから新聞各紙で報じられるようになる。そのころから、西郷もニコライに同行して日本へかえってくるという臆測が、とびだした。とりわけ興味をひくのは、『郵便報知新聞』（四月七日）にのった記事である。

「西郷生存説遂《つい》に叡聞《えいぶん》に達す。西郷隆盛翁死して復《ま》た活《い》きんとす。道路喧伝の声叡聞に達す。陛下則《すなわ》ち微笑《ほほえ》み給いて、侍臣に宣《のたま》わすらく。隆盛にして帰らば、彼の十年の役に従事して偉効を奏せし諸将校の勲章を剝がんものかと。承るも畏《かし》こし」

西郷がロシアからかえってくるという話は、ついに明治天皇の耳へもとどいた。もし、西郷がかえったら……。そのときには、西南戦争で勲章をわたした軍人から、それらをとりあげよう。『郵便報知』によれば、天皇はそう廷臣たちに語っていたというのである。かつての逆臣を、それだけあたたかくむかえてやろうということか。武勲のあった軍人には、少々せつない談話である。

もちろん、明治天皇が本気でこういう提案の実行を考えていたとは、思えない。ほんとうに、こんな談話をのこしていたのかどうかも、疑問である。『郵便報知』のいたずら記事か、あるいは天皇の冗談だと考えるのが、妥当であろう。そもそも、西郷生存説をつたえる他の記事も、基本的には無責任に書かれていた。常識のある読者なら、マユツバ気分で読んでいたにちがいない。

だが、津田三蔵は、それを本気でうけとめた。

西南戦争へは、津田じしんも出征したことがある。そして、そのときは名誉の負傷をおわされた。それが功労とみなされたのだろう。津田は、療養中に軍曹へ昇進し、のちには勲七等ももらっている。一時金として百円の賞与も、うけとった。そういう勲功を、明治天皇が剝奪させるらしいとうわさされていたことは、既述のとおりである。

ニコライ来日当時の津田は、滋賀県の守山《もりやま》署につとめていた。そして、明治天皇の笑談をつたえる記事は、滋賀のこの地でも大きく報道されている。当地の『日出新聞』と『中外電報』が、同じ記事を二日後に転載させていたのである。しかも、『日出』の場合は、第一面の最上段に(飛鳥井雅道「露国皇太子遭難」『新修大津市史』第五巻　一九八二年)。

とうぜん、津田もそれを読んだだろう。すくなくとも、その評判を耳にすることぐらいはあったにちがいない。たちまち、西郷がかえってきたら、自分の勲功もだいなしになると思いこむ。

じじつ、津田は事件の直前に、妹婿へこう語っていたらしい。「西郷ガ帰レバ我々ガ貰ッタル勲章モ剝奪サルベシ。困ッタコトダ」と。妹婿は、「虚説」だから気にやむなと、こたえていたという。だが、当人は「ドーモ事実ナラン」と、考えこんでいた(「湖南事件関係書類」前掲飛鳥井論文)。

さて、ニコライらが大津を遊覧したのは、五月十一日のことである。午前十時ごろには、三井寺の境内にある正法寺で、古美術鑑賞をはじめている。琵琶湖をながめながら、美術をめでようという趣向である。

警備のスタッフも、三井寺に集中した。津田三蔵も、三井寺の山内にある西南戦争記念碑の前へ、配置されている。

西南戦争記念碑……そう、そこには、この戦争に殉じた大津の士卒をまつる碑があった。そんなところへ、従軍経験のある津田がまわされていたのである。しかも、ひょっとしたら自分の武勲はなくなるかもしれないと、不安におののきながら。なんとも皮肉な情況ではあった。津田の心中には、さぞかし複雑な思いが去来していたことだろう。

その津田らが見まもる記念碑のところへ、二人のロシア人随行員がきたらしい。だが、彼らはその碑にさしたる敬意もはらわず、その脇へ腰かけた。そして、同行の車夫二人と、無駄話をしはじめる。なんと無礼な連中だ……。津田はその光景に屈辱感をいだき、しだいに怒りをつのらせた。

のちの供述によれば、津田がニコライへの殺意をいだいたのは、このときだったという。そして、凶行におよんだのはその約四時間後、午後一時五十分ごろのことであった。それだけ、津田にとっては、神聖な記念碑だったのである。

しかし、どうだろう。はたして、正常な人間がこのようなふるまいをするだろうか。日本がロシアにせめられるかもしれないから。ニコライは西郷を同行させており、自分の勲功が帳消しになるかもしれないから。そんな風聞におどらされて、殺人におよんだりするものか。

しかも、直接の動機はまことにたわいもない。記念碑が黙殺され、侮辱をうけたように感じたという。ただそれだけのことでしかないのである。少々おかしいのではないかという疑問がわいてきたとしても、無理はあるまい。

津田三蔵ははたして正常だったのか

事件から三十八年後、一九二九（昭和四）年のことである。明治文化史の研究で知られる法律家の尾佐竹猛《おさたけたけき》が、事件の全容を本にした。「露国皇太子大津遭難　湖南事件」が、それである。尾佐竹は、この一篇を自著の『明治秘史　疑獄難獄』におさめて、発表した。

古典的な名著といってよい。大津事件を論じるときは、まず第一に参照すべき文献だとされている。なお、のちには当該部分だけが、岩波新書の一冊に編入された。今では岩波文庫へおさめられている（三谷太一郎校注『大津事件――ロシア皇太子大津遭難』一九九一年）。

そのなかで、著者の尾佐竹は、たいへん興味深いコメントをのこしている。津田三蔵の精神状態に関する指摘である。彼は、津田のことをこんなふうにも、論評した。

「父には発狂の気味あり……三蔵も一度発狂したことがあり……帰省の際友人等に対し、今度露国皇太子の来航は途を東に取るべきはずなるにかえって西方より来るは訝《いぶか》し、殊に皇太子は西郷隆盛を同伴する由なるが、もし事実ならば我々の勲章もたちまち剝奪せらるべしなどといい、始終沈鬱がちであったという。今日の厳密なる医学上から診断すれば、あるいは精神障害の行為であったかも知れぬ」

「今日の」目でながめれば、精神異常者だったのかもしれない。尾佐竹は、事件の三十八年後に、そんな想像を披露した。

おおいにありうる話である。津田の犯行動機を考えれば、誰しもそんなふうに考えよう。では、三十八年前の事件当時は、どうだったのか。大津事件にかかわった司法家たちは、津田の精神状態をどう考えていたのだろう。

不思議なことに、裁判では誰もそのことを問題にしなかった。精神鑑定をするべきかどうかが、法廷でとりざたされた形跡は、いっさいない。いったい、なぜか。もちろん、津田を異常者だったと、きめつけたいわけではない。正常だったという可能性もある。だが、その犯行経緯を考えれば、まず精神状態をうたがってかかるべきではなかったか。すくなくとも、精神鑑定をやろうという声ぐらいは、あってもよかったのではないか。にもかかわらず、そういう声はおこらない。どうしてか。そのことじたいに、疑問がわいてくる。

当初は、「精神惑乱者」だといわれていた

医学史の研究者・小関恒雄に、「大津事件関係容体書補遺」という論文がある（『医譚』八二号　一九九三年）。事件で負傷したニコライと津田三蔵の容体をしらべあげた研究である。それによれば、当初津田は政府筋から、異常者だと思われていたらしい。じじつ、事件の三日後に書かれた外務省記録には、こんな文言が見えていた。

「犯人ハ精神惑乱者（fanatic）ナリ」（「露国皇太子御遭難概況」〈外務省案文　一八九一年五月十四日付〉）

さらに、この記録は津田のことを「喪心者」だとも評している。つまり、政府＝外務省は、事件を心神喪失者のしでかしたことだと、考えていたのである。

この認識は、各国の在外公館をとおして、諸外国へもつたえられていた。もちろん、ロシアへも、同じ情報がとどいている。そして、駐ロシア公使の西徳二郎は、その点をさかんに強調した。犯人は発狂者であり、日本国民は事件の発生にいきどおりを感じていると、宣伝した。これにたいして、ロシア皇帝は、日本政府へつぎのような電文を、かえしている。

「余は一狂人の所為に依って両国の交際を害することをなさざるべし」

ロシア側でも、津田のことを「狂人」として、うけとめていた。最初のうちは、そうみなすのがふつうだったのである。

五月十六日には、大津病院の医師・野並魯吉が、かんたんな鑑定をこころみている。そして、翌十七日になって、鑑定書を提出した。それには、こうある。

「三蔵ハ精神病ノ素因ヲ有セズ唯七年前宿酔《ふつかよい》ノ為メ一時脳充血ヲ発シ続テ酒客胆忘

症ニ陥リシト雖《いえど》モ五六日ニシテ全治シ爾後絶テ再発スルコトナク、而シテ本月十一日前後ニ於テ更ニ精神病ノ痕跡ヲ留メズ」

まったく、異常はないという。当初の外務省見解とは正反対の鑑定である。しろうと目には異常者とうつったが、専門家の見立てでは健常者だったということか。

しかし、大津病院の野並医師は、自分の鑑定結果に、あまり自信をもっていなかった。じじつ、この鑑定書にも、つぎのような付記をそえている。

「短時日ノ間ニ此鑑定ヲ命ゼラレタルニヨリ単ニ自分ノ推考スル所ヲ陳《のぶ》ルノミ其正確ナル鑑定ハ宜ク専門ノ裁判医学家ニ命ゼラレン事ヲ望ム」

こんな短い鑑定では、正確を期しがたい。もういちど、誰かちゃんとした司法鑑定医に、しらべさせたほうがいいという。野並は外科の医者であった。精神病学の専門家では、けっしてない。最終的な判断をためらったのも、そのためである。では、どうだろう。裁判関係者たちは、この示唆にしたがって、きちんとした鑑定をおこなっただろうか。

野並の鑑定書をうけとった予審判事の土井庸太郎は、十八日に意見書を提出した。そのなかに、つぎのようなくだりがある。

「被告三蔵ハ医師ノ証明ニ依レバ……精神病ノ痕跡ヲ留メズト云ウ。今回ノ犯罪ニ付テハ固《もと》ヨリ発狂ノ模様アルヲ認メザルナリ」

異常がないという医師の意見を、そのままつたえている。この点に関するかぎり、予審判事は医師の判断にしたがったといえるだろう。だが、もういちどしっかり鑑定をしなおしたほうがいいという提案は、黙殺した。ただ、正常だという見解だけを、採用したのである。

これ以後、津田はいちども鑑定をうけなかった。弁護側でさえ、鑑定の要請をこころみた様子はない。津田は、最後まで健常者としてあつかわれ、終身刑という判決をうけたのである。

最初は、異常者だといわれていた。だが、あとから正常だとされるようになっていく。いったいどうして、事態はこんなふうにすすんでいったのか。かんぐれば、詐術の可能性もにおってこなくはない。

政府は、死刑をのぞんでいた。だが、異常者だということになると、死刑はありえない。心神喪失の場合は、無罪となる。これでは、ロシアにたいする面目がたたなくなってしまう。とちゅうから津田三蔵が正常だとされだしたのも、そのせいではないか。

大津病院の医師が精神病を否定したのも、政治的な圧力におされたためかもしれない。予審判事の意見書にも、同じような事情を想像することは可能である。「〝狂人説〟は……〝狂人〟では内閣の望む死刑にもってゆけないので立消えとなった」。小関恒雄も事態の推移を、以上のように解釈する。

同じことは、無期懲役を考えていた判事たちや弁護側にも、あてはまる。彼らも、けっきょく終身刑より軽い罪を、もとめてはいなかった。ロシアの圧力を考えれば、それ以下の罪はこまると考えていた。だからこそ、無罪につながりかねない精神鑑定を、要請しなかったのではないか。医師が再鑑定を示唆していたにもかかわらず。

いっぽんに、弁護人は被告の罪を軽くさせようと、あらゆるてだてをこころみる。それが弁護人の職務になっている。精神鑑定に無罪へつながる可能性があるのなら、とうぜんそれを要請すべきだろう。だが、大津事件の弁護人たちは精神鑑定をもとめない。ただ終身刑を主張するだけに、とどまった。やはり、彼らも無罪はこまるという国是に、左右されていたのではないか。

もし、そうだったとすれば、法廷も政府と共犯関係にあったということになる。司法権の独立などというどころの話ではない。司法みずからが、刑法をうらぎっていたかもしれないのである。

じじつ、当時の旧刑法にもこう明記されていた。「知覚精神ノ喪失ニ因テ是非ヲ弁別セザル者ハ、其罪ヲ論ゼズ」（七八条）。心神喪失者には罪がないと、はっきり書かれていたのである。なお、この刑法が施行されたのは、一八八二（明治十五）年。大津事件がおこる九年前であった。

無罪の可能性をつたえる記事

ロシア皇太子が、日本人の暴漢によってきりつけられる。このできごとは、ただちに新聞各紙で報じられた。メディアは、大きくこの事件をとりあげたのである。犯人・津田三蔵の処遇をめぐっても、さまざまな論評がなされるようになっていく。

ここでは、それらのうちから『東京日日新聞』の報道ぶりを、紹介しておこう。同紙は、津田の精神状態をめぐって、たいへんおもしろい論説をはいている。まず、事件の翌日に発表された記事から、ひいておく。

「嗚呼《ああ》彼れ狂漢何者ぞ……果して何の心ぞや。狂か痴か愚か、乱か狂に非ざるより、今日の日本人民、誰か斯様の心を存すべきぞ……当局者は速に、誅を加えて、其の罪の在る所を明かにすべし」（五月十二日付）

犯人は、気がくるっているにきまっている。すみやかに、処刑してしまえ。とまあ、そんな論調になっている。論説者は、狂人に罪は問えないという刑法があることを、知らなかったらしい。

だが、翌日の同紙には、まったく正反対の意見が掲載されることになる。

「専制政治の下に在らしめなば、此奴《こやつ》の狂なると癲なるとに系らず、身を断じ族を明し、以て世の人の憤を休むる所あるべきや必せり。されば如何《いかん》せん我邦は、立憲制度の世の中となり、上下法を一にし、時と場所と事情とによりて、其法を二三すべきに非ざるを以て、今此奴を処するに於ても、矢張り刑法の規定に拠らざる可からず」（五月十三日付）

専制政治なら、たとえ狂人でも処刑することは、できるだろう。だが、日本は法治国家であり、なにごとも法にもとづいてきめなければならないという。では、津田三蔵の場合は、どうすればいいのか。

「吾人も姑《しばら》く怒を収め心を鎮めて刑法を案ずるに、若し兇行者が其の犯罪の当時、知覚精神を忘失し、全く発狂の結果に依りて、此の大逆を犯したるものなりと認むるに於ては、我が刑法第七十八条により、以て不論罪の範囲に入れ、已むを得ず正条に従って、無罪の宣告を為さざるべからず」(同前)

もし狂人だったなら、旧刑法にしたがって無罪にしなければならないという。たとえ狂人でも、極刑をあたえろといっていた前日とは、うってかわった態度である。おそらく、この一日で、旧刑法の存在に気がついたのだろう。最初は、感情のおもむくままに、極刑論を書いてしまった。だが、そのあとになると法律に心をくばる余裕が、できてくる。「怒を収め心を鎮めて刑法を案ずる」ことが、できるようになる。だからこそ、狂人の場合は無罪だと、おちついて書けたのだろう。

なお、無罪の可能性に言及した新聞は、『東京日日新聞』だけではない。五月十五日付の『大阪毎日新聞』も、そのことを論じている。ここに、その部分をひいておく。

「もしはた精神錯乱に出でしものならしめば、いよいよ不満足ながら我が刑法の処分すべき限りにあらず。ただ終身瘋癲《ふうてん》病院に入牢せしむることならんか」

当人が異常なら、たとえ不本意でも罪にはとえない。精神病院へおくりこむべきだというのである。

狂気があれば、罪は問えない。『東京日日』も『大阪毎日』も、そうのべていた。両紙は、精神鑑定が無罪の可能性をはらんでいることに、気づいていたのである。新聞の論説者でも、思いつく。そのていどのことを、専門の法律家たちが知らなかったとは、考えにくい。弁護人たちをふくめ、とうぜん気づいていたはずである。そして、彼らはそのことをじゅうぶん了解したうえで、精神鑑定をもとめなかった。

いったいなぜか。やはり、精神鑑定をして無罪になってしまうのはこまると、思っていたからではないか。どうしても、そんな詐術があったと、考えたくなってくる。

異常者の犯行なら、無罪になる。そう書きたった『大阪毎日』は、翌日になって、六日間の発行停止処分をこうむった。

近代史の研究者には、よく知られた情報統制である。いっぱんには、津田の死罪を否定した論調がきらわれたせいだと、いわれている。だが、それもひょっとしたら、精神鑑定による無罪の可能性へ、言及したせいかもしれない。

もちろん、これは私の想像である。そうだと断言するつもりはない。

津田三蔵にしても、ほんとうに健常者だったという可能性は、否定しきれないだろう。最初のうちは気が狂っているように見えたので、「精神惑乱者」としてあつかった。だが、医師がしらべていくあいだに、そうではないということが判明する。政治的な圧力のせいで健常者にされたわけではない。じっさいに健常者だったから、健常者として処遇されたのかもしれないのである。

犯人に重罪をおわせたいから、正常だといつわった。この解釈は、あくまでも邪推である。けっして、すなおな見方ではない。

私じしんは、邪推説に興味をもっている。法廷を美化しがちなじゅうらいの大津事件解釈には、重大な疑問をいだいている。だが、証拠をそろえて、それを立証できるだけの用意はない。ここでは、津田の狂気が意図的に黙殺された可能性を、指摘するにとどめておく。

しばらく、この邪推説にこだわることを、ひかえておこう。すなおな解釈、津田はほんとうに健常者だったという理解にたって、話をすすめたい。じつは、そう穏当に解釈しても、この裁判には語るべき問題点が、のこっている。

たしかに、医学上の精神疾患は、どこにもなかったかもしれない。だが、そのふるまいに狂気じみたところがあったのは、たしかである。じじつ、政府も当初は「精神惑乱者」だと、判断していた。

その意味で、津田は精神異常者だと言いくるめられやすい要素を、もっている。「狂人扱い」のフレーム・アップには、うってつけの犯人だったといえるだろう。にもかかわらず、大津事件でそれがなされなかったのは、どうしてか。

ロシア皇太子におそいかかったのは、まともな人間ではない。気の狂った男が、あいう凶行をしでかした。正気の日本人が、あんなことをするわけがない。そう言いくるめることで、ロシア側に弁明する。政府は、どうしてこういうやり方を、最終的には採用しなかったのだろう。はじめのうちは、その気もあったのに。じじつロシア公使の西は、そうロシア政府にのべていた。

しかも、ロシア皇帝はこうこたえていたのである。「余は一狂人の所為に依って両国の交際を害することをなさざるべし」、と。「狂人」のふるまいなら、しかたがないといわんばかりの返答である。「狂人扱い」のフレーム・アップを政府がねらったとしても、しかたのない情況ではあった。

なのに、時の政府はそうしない。ひたすら、津田三蔵に死刑をつきつけようとする。しかも、旧刑法の規程をふみにじって。同じ詐術をこころみるなら、「狂人扱い」のほうがいいとは思わなかったのか。どうして、死刑にあれほどまで、こだわったのだろう。

それに、もし津田がほんとうの異常者だったとしたら。その場合は、フレーム・アップの詐術をこころみるまでもない。「狂人扱い」ではなく、どうどうと「狂人」だということでおしきれるのである。それなのにわざわざ正気だということにして、死刑を要請した。「狂人扱い」とは逆の、「常人扱い」がなされたことになる。

大津事件と虎ノ門事件のあいだ

ここで、一九二三（大正十二）年の虎ノ門事件を、もういちど思いだしていただきたい。この事件では、摂政を狙撃した犯人が、「狂人扱い」をされかかる。当局は、健常者である狙撃手を、むりやり異常者にしたてようとした。

「狂人」の犯行なら、死罪はとえないだろう。無罪で精神病院へ収容というケースも、じゅうぶんありうる。だが、当局は狂気の立証にこだわった。「狂人」というレッテルはりに、それだけの重要な意味をこめていたのである。

大津事件の場合は、しかしそんなことはない。あくまでも、死刑という要求が先行した。犯人を「狂人」にしたてる。そのことに、それほどの意味があるとは、考えられていなかったのである。

皇室へはむかう不敬犯のあつかいには、ふたとおりの方法が考えられる。ひとつには、厳罰主義があげられよう。不敬罪や大逆罪によって、死刑をはじめとする重罪をつきつけるのが、それである。もうひとつは、いうまでもなくフレーム・アップ。「狂人」のレッテルをはりつけるというてだてがある。

この両者は、しかしいつの時代にも並行して存在したわけではない。その浮沈には、歴史的な経緯がある。

たとえば、明治期の二十世紀初頭までは、厳罰主義が基本となっていた。大津事件でも大逆事件でも、当局は極刑をもとめていたのである。だが、一九一〇―二〇年代になると、事情がかわりだす。しだいに、「狂人」のレッテルはりが、浮上しはじめた。虎ノ門事件でもくろまれたフレーム・アップが、その好例である。

大津事件を、不敬の歴史上へ位置づける見方には、批判もおこりえよう。じっさい、津田三蔵がおそったのは、日本の皇族ではない。外国の皇太子であった。いわゆる不敬事件とは、一線を画する事件である。それを、不敬事件史のなかでえがくことには、違和感をいだかれるむきも多いと思う。

だが、政府はこれを日本の皇室にたいする犯罪として、さばこうとしていた。政府の立場からみれば、りっぱな不敬罪にほかならない。そして、ここでは、不敬漢の処置に関する当局の姿勢を、問題にしているのである。大津事件もまた、この文脈の俎上にじゅうぶんあがりうる事例だといえるだろう。

だから、繰り返し強調しておきたい。この事件はやはり、二十世紀初頭までの時期におこったできごとであった。たんに事件の発生年代だけをさして、そうのべているわけではない。精神鑑定の社会史という観点からみても、古い時代に属していると考えるからである。

まだ、「狂人」というレッテルはりが、軽視されていた。ただ、厳罰主義だけで、不敬事件に対処する。そんな古い時代があったことを、如実に象徴する事件であったと評せよう。その意味では、時代の古層をしめす考古学的な標本としても、位置づけうるのではないか。

もういちど、尾佐竹猛の大津事件評を、思いおこしてみよう。尾佐竹は、一九二〇年代にこんな感想を、しめしていた。「今日の厳密なる医学上から診断すれば、あるいは精神障害の行為であったかも知れぬ」。

一九二〇年代の「今日」は、医学も発達している。だから、津田に異常があったとしたら、それを見のがさないだろうという。

だが、問題にすべきは、医学の発達だけではない。こういう事件がおこれば、犯人を「狂人」として喧伝する。正気のものにはありえない犯行だという点を、強調する。そんな対処の仕方が、尾佐竹の時代には一般的になっていた。一九一〇—二〇年代の変化については、何度ものべてきたところである。

だからこそ、尾佐竹も津田三蔵に「精神障害」をイメージしえたのではないか。そして、そのイメージじたいが、新しい時代相を反映した一面を、もっている。私には、どうしてもそう思える。

大津事件そのものは、時代の古層をしめしていた。だが、それをとりあげる尾佐竹猛の目は、新しい地層に属している。両者のあいだには、そんなギャップがあったと考えたい。

ソビエト政権と精神医学

皇太子ニコライのその後について、ふれておく。

ロシアへかえったニコライは、一八九四（明治二十七）年に、父のあとをついで即位した。翌々年には、モスクワで戴冠式をあげている。ニコライ二世として、ロシア皇帝の座についたのである。

だが、その帝政は、末期的症状をむかえていた。とくに、第一次世界大戦がはじまってからは、崩壊にむかってつきすすむ。怪僧・ラスプーチンが宮廷に暗躍したと言われるのも、このころである。

一九一七（大正六）年には、ペテルブルクで暴動が勃発した（二月革命）。皇帝は鎮圧軍を派遣したが、事態はおさまらない。内閣は総辞職、議会は皇帝に退位を要求する。

ニコライもこれを受諾、弟のミハイルに帝位をゆずって、自らはしりぞいた。だが、当のミハイルは即位することを、拒絶する。そのため、新しい帝位には誰もつかないという状態に、おちいった。けっきょく、これを期にロマノフ王朝は、とだえることとなる。ロシア帝国が崩壊したのである。

臨時政府は、ニコライ一家を監禁する。十月革命後に樹立されたソビエト政権も、彼らを解放したりはしなかった。翌年の四月には、エカテリンブルクへ一家をうつしている。そして、七月二十九日から翌三十日のあいだに、ニコライ一家は同所で殺害された。ソビエトが、反革命軍による彼らの奪還を、おそれていたためである。

さて、ニコライ二世には、アナスタシアという娘がいた。その娘だけがエカテリンブルクから脱走し、別のところで生きのびたという風評がある。けっこうまことしやかに語られており、そのまま映画の題材につかわれたりもした。イングリッド・バーグマンとユル・ブリンナーの『追想』が、それである。

さらに、自分こそアナスタシアだという女さえ、出現したこともあった。もっとも、そう提訴されたハンブルク裁判所は、このうったえをしりぞけている。証拠はなにもないというのが、却下の理由である。

帝政期のロマノフ王家は、イングランド銀行に一千万ポンドの金を、あずけていた。現在は、利子をあわせると六倍以上になっているという。もし、彼女が本物のアナスタシアだったとしたら。とうぜん、それだけの預託金も彼女のものとなる。だが、ざんねんながら、それはみとめられなかったのである。

そういえば、西郷隆盛にも、城山から脱出してロシアで生きのびたという伝説がある。そのうわさにおびえたらしい津田三蔵が、ニコライにきりかかったことは、すでにのべた。そして、そのニコライの娘もまた、西郷のように脱走伝説が語られる。西郷とアナスタシアは、どうやら伝説の糸でつながっているらしい。大津事件は、そんなふたつの伝説をむすぶ、接点でもあったといえようか。興味深い符合なので、あえて紹介しておくことにする。

ロシア＝ソビエトの話を、つづけよう。とくに、その精神医療と政治体制との関係を、問題にしてみたい。旧ソビエト連邦の精神医学には、ある種の政治的なかたよりがあった。反体制的な活動家を、しばしば「精神異常者」として、とりあつかってきたのである。

ここではその典型として、ピョートル・グリゴレンコの事件をひいておく。グリゴレンコは軍人である。第二次大戦でのめざましいはたらきにより、レーニン勲章などの武勲にかがやいた。軍事学に関する学術研究も、多数ある。たいへんめざましい経歴を、ほこっている。

にもかかわらず、昇進はおくれた。少将位についたのも、一九五九（昭和三十四）年で、五十二歳になってからである。大戦中にスターリンの軍事指導を批判したのが、出世のおくれた原因だとされている。その意味では、権力に迎合しない、気骨のある軍人だといえる。

その反骨精神は、スターリンをひきついだフルシチョフにたいしても、発揮された。党官僚の法外な俸給や特権を、党会議の席上で批判したのである。のみならず、それがフルシチョフの個人崇拝につながる点をも、警告した。おかげで、グリゴレンコは学界での地位を剝奪されることになる。さらに、極東へも左遷された。

だが、グリゴレンコは体制批判の手をゆるめない。パンフレットなどを配布して、当局を非難する運動をつづけていく。KGBは彼の活動を反＝ソビエト的と判断し、モスクワの監獄に収監した。そして、セルプスキー研究所で、精神鑑定をうけさせたのである。

同研究所の医師たちは、鑑定結果として「異常者」だという診断を下している。さらに「妄想癖を含む個性のパラノイア型発展をとげた精神病」だというのである。その根拠として、つぎのようなグリゴレンコの性癖をあげていた。「改革者の信念、それもとくに国家機構の再組織を求める信念を持つ」、と。

こうして、グリゴレンコは、レニングラード特別精神病院へ監禁されることとなった。一九六四（昭和三十九）年の八月から、翌年の四月にいたるまで、約八ヵ月にわたる収容であった。当局は彼の反ソ活動に、「精神異常」というレッテルをはりつけたのである。

退院後のグリゴレンコは、クリミア・タタール人の郷土復帰運動に、力をそそいでいく。タタール人は大戦中、スターリンによって、中央アジアへ強制移住をさせられていた。その彼らを、もとのクリミアへもどそうというのである。これも、ソビエト中央に敵対した、少数民族の権利に加担する活動ではあった。

ＫＧＢは、一九六九（昭和四十四）年に、グリゴレンコを逮捕する。そして、タシケントで精神鑑定をうけさせた。だが、タシケントの医師たちは、精神異常をみとめない。正常だと診断した。

この鑑定結果をきらってのことだろう。ＫＧＢは、グリゴレンコの身柄をモスクワへ空輸する。そして、ふたたびセルプスキー研究所で、再鑑定を実施した。同研究所の委員会は、ＫＧＢの思惑どおり、異常という見立てを下している。「偏執的な改革者意識……特別精神病院における強制的な治療が必要だ」、と。

諸外国の精神医学界は、ソビエト当局のこういう姿勢を非難した。ソビエトは、精神医学を、ほんらいの治療行為から逸脱させている。反体制運動を封じこめる治安の手段に、堕落させてしまった。もってのほかである。以上のような反発が、国際的にわきおこった。

だが、ソビエトでは同種の事件が、ひんぱんに発生している。ルイセンコ学説を批判し、ソビエトの科学体制を告発した生物学者・メドベージェフ。ワルシャワ条約軍のチェコ侵入を非難したビクトル・ファインベルク。いずれも、当局によって異常者だとされかけた。

くわしくは、『政治と精神医学――ソヴェトの場合』を、読まれたい。シドニイ・ブロックとピーター・レダウェイによる、ソビエト精神医学の報告である。日本でも、秋元波留夫《はるお》らの翻訳（みすず書房　一九八三年）がだされている。私も、グリゴレンコらの事情は、この本でおそわった。

反体制のひとびとに、「異常者」というレッテルをはりつける。「狂人扱い」のフレーム・アップを強行する。おそらく、旧ソビエトほど、それが目立った政治体制はないだろう。だからこそ、国際的な精神医学界も、もっぱらソビエトの精神医療を批判した。

だが、ソビエト以外の国でも、似たような現象がまったく見あたらないわけではない。ソビエトほど組織だっておこなわれたところは、たしかにないだろう。だが、もっと小規模な形でなら、他国でもおこりうる。たとえば、日本でも皇室がらみの事件で、いくつか発生した。

ソビエト政権と現代天皇制の、意外な親縁性を、あらためて考えさせられるしだいである。

第六章　相馬事件というスキャンダル

藩主を座敷牢に幽閉する

今日の裁判では、当事者の精神状態がしばしば問題とされることがある。被告は犯行当時、はたして正常な識別力をもっていたかどうか。某証人はこう証言するが、それは錯乱による妄想でないといえるのか。以上のような応酬が、法廷でたたかわされたりする。

専門の精神科医に、彼らの精神状態を診断してもらうことも、よくある。いわゆる精神鑑定である。そして、裁判官はその鑑定結果を参考にしながら、訴訟をすすめていく。

べつにめずらしいことではない。法廷では日常的な光景になっている。司法の判断に、では、いつごろから、こういったやりとりがはじまったのだろう。

精神鑑定が影響をおよぼすようになったのは、何年ぐらい前からか。

明治初期までの法廷で、精神鑑定が要請されたことは、まったくない。科学的な鑑定が必要だとされだしたのは、一八八〇年代の中ごろになってからである。それまでの司法判断は、精神鑑定にたよることなく下されていた。

精神医学にくわしい読者なら、先刻御承知のことだろう。それは、一八八〇年代の首都をさわがせた相馬《そうま》事件にはじまった。このときはじめて、きちんとした精神鑑定が必要だと、そう切実に考えられたのである。

相馬事件は、当時を代表するお家騒動である。新聞でも評判になったし、錦絵などにも画題としてとりあげられた。これに関する出版物も、数十冊にわたって刊行されている。ひとびとの好奇心をおおいにひきつけた、一大スキャンダルではあった。

事件は相馬家の家督問題をめぐって、おきている。相馬事件と通称されるのも、そのためである。

相馬家は、江戸時代に奥州中村六万石を領有していた旧大名である。今日の福島県相馬市が、その領地にあたる。廃藩置県後は東京へでてきていたが、財産にはめぐまれていた。古河市兵衛が経営する足尾銅山に、かなりの出資をしていたためである。その鉱毒をめぐって、田中正造が直訴事件をおこしたことは、すでにのべた。

相馬藩最後の藩主は、一八五二（嘉永五）年生まれの相馬誠胤《ともたね》である。一八六五（慶応元）年に藩を相続し、廃藩後も相馬家の家長をつとめていた。

その誠胤が、一八七六(明治九)年ごろから、おかしな挙動をしめしだす。家族や家人に、とつぜんわけもなく暴力をふるったりしはじめた。

このままほうってはおけない。なんとかしなければ、家内の平和がたもてなくなってしまう。けっきょく、相馬家では誠胤を座敷牢へ幽閉するというてだてを、思いつく。一八七九(明治十二)年には、鎖錮に関する文書、つまり監禁願を華族部局へ提出した。同局もこれを了承、以後誠胤は京子夫人とともに、家内の座敷牢でくらすようになる。

この処置を、しかしお家のっとりのたくらみではないかと、うたがうものもいた。そして、そううたがわれてもしかたのない事情は、相馬家の側にもあったのである。

幽閉された誠胤には、義理の弟がいた。旧藩主・充胤《みちたね》が側室・西山リウにうませた順胤《ありたね》である。そして、当主・誠胤の母(側室・大貫千代)は、明治維新のころになくなっていた。

邪推をそそりやすい情況だといえる。義弟の母が自分の子供に家督をつがせようと、画策する。現当主を、家長の座からひきずりおろそうとした。誠胤の乱心は、そのための口実としてでっちあげられた話ではなかったか。

じっさい、旧相馬藩士の錦織剛清《にしごりたけきよ》などは、そうきめつけて世間にうったえた。相馬家のなかには、お家のっとりの陰謀がうずまいているというのである。

謀議の張本人は義弟の母・西山リウと家令の志賀直道。ふたりは密通しあっており、ともに当主・誠胤のおいおとしをねらっている。誠胤を狂人にしたてあげ、むりやり座敷牢へおしこめたのはそのためである。ゆくゆくは、リウの息子である順胤を家長にするつもりなのだろう。悪いのは、不義の仲にある義弟の母と家令である。錦織は、そんなふうに主張した。

講談などではおなじみの、お家のっとり劇である。そのわかりやすさが、大むこうにアピールしたのだろう。錦織のうったえは、一時期、当時のひとびとに、ひろくうけいれられていく。さもありなんという世論がひろまりだす。

足尾銅山への出資でゆたかになっていた家産も、この想像をふくらませたことだろう。あれだけの財産だから、お家騒動がおこっても不思議はないという。そんなイメージは、いだかれやすかったにちがいない。

こうして、錦織剛清は時の人となる。いちやく、相馬誠胤の「忠臣」として、脚光をあびるようになっていく。じじつ、当時のマスコミはおおむね錦織の線にそって、相馬家の陰謀説を報道した。おかげで同家は、伏魔殿めいたイメージで、語られだすこととなる。

では、じっさいのところはどうなのだろう。座敷牢へおしこまれた誠胤は、ほんとうに気がふれていたのか。それとも、錦織がいうように、家令たちによって「殿様御乱心」劇が捏造されたのか。ほんとうのことを知りたいと、誰しも思うはずである。

事件が評判をよぶにしたがって、司法当局や警察も真相の究明に力をいれだした。誠胤の精神状態を、ちゃんとした医者にみてもらわねばならない。そう考えるようになっていく。日本で最初の科学的と称される精神鑑定がおこなわれたのも、そのためであった。

医学が不要だとされたころ

相馬家が誠胤の監禁願を、華族部局へ提出したところへ話をもどしたい。一八七九(明治十二) 年のことだが、その願書はこんな文面になっていた。

「私共宗族相馬誠胤儀、先般来脳病相発《あいはっし》、療養罷在《まかりあり》候処、一月頃ヨリ病勢益《ますます》相募リ、動《やや》モスレバ危険ノ所為不少《すくなからず》、精神錯乱全ク瘋癲《ふうてん》ノ症ニ付、一室ニ鎖シ、静座保養為致置度《いたさせおきたく》、依之《これによって》宗族親戚連署ヲ以テ此段御聞届奉願候也。

明治十二年四月十四日

親族　織田信敏
宗族　北条氏恭
第一部長　板倉勝達殿」（鶴見祐輔『後藤新平』第一巻　一九六五年）

当主の誠胤は、「精神錯乱」ですっかり「瘋癲《ふうてん》」のようになっている。どうか、座敷牢への幽閉をみとめてほしい。そう親族一門の名前で、華族部局の板倉第一部長へねがいでている。

これを、同局は承諾した。翌十五日には、こうこたえている。「書面之趣事情不得止《やむをえざる》次第ニ付承届候事」（同前）。やむをえないからいいだろうというのである。

相馬家では、この監禁願をだす前に、誠胤の容態を医者にみさせている。旧藩医で宮内省につとめる藤岡元礼、元軍医の石川良信、そしてオランダ人のブッケマン。以上三名の医者に、診察をさせていた。そして、その三名はいずれも精神病だと見たてている。

だが、彼らの診断書を、華族部局への監禁願にそえたりはしていない。同局へは、あくまでも、親族一門からの請願というかたちでもうしでていた。

「精神錯乱」は、相馬家側でかってにでっちあげた判断ではない。医者たちも、みなそのことをみとめている。診断書を添付すれば、そう力説することもできただろう。医学の権威を、かさにきることも不可能ではなかったはずである。だが、相馬家側はそういう態度にでなかった。医学の権威で、この請願をおしきろうとは、しなかったのである。

また、華族部局も医者の診断書をもとめようとは、していない。専門家のおすみつきがない相馬家の願書を、すぐ翌日にみとめている。請願をうける側も、医者がそれをうけおわねばならないとは、思っていなかったのである。

ひょっとしたら、医学の権威などという観念じたいが、まだなかったのではないか。「精神錯乱」という判定は、親族や一門の同意があればことたりる。医者の保証など、べつになくてもいい。申請をだすほうもうけとる側も、医者のねうちをそのていどにしか考えていなかった。医学の権威に敬意をはらっていたとは、いいがたい。

旧幕時代にも、主君を座敷牢へおしこめる騒動はあった。「主君おしこめ」といわれる事件が、けっこうひんぱんにおこっている。そして、そのさいにも、しばしば「殿様御乱心」ということが、語られた。主君の気がふれたので、一室にとじこめておくというのである。

もちろん、「主君おしこめ」には幕府当局の許可がいる。勝手にとじこめるというわけにはいかない。だが、親族宗族あるいは家臣一同の合意があれば、幕府はそれを了承した。彼らがみんなで、「殿様御乱心」だと判断すれば、それでことたりた。医者、たとえば御典医の診断書などは、必要としなかったのである。一八七九（明治十二）年の監禁願も、その常套をひきついだてつづきだといえる。医者の見たてに、そういう請願を正当化させるだけの権威があるとは、思わない。それよりは、親族宗族のとじこめたいという合意のほうを、優先する。そんな旧幕時代いらいの価値観は、相馬事件の時代にまで生きのびていたのである。

診断書は、本人をみずに書かれていた

ほんとうに、当主は気がふれたのか。その狂気は、相馬家の家令たちがでっちあげたのではないか。旧藩士・錦織剛清がそううたがい、運動をおこしたのは一八八三（明治十六）年からである。

まず、当主・誠胤の解放を相馬家にうったえることから、はじめている。この年の十二月十日に同家へ手渡した建白書には、こうある。「旧主相馬誠胤君ノ監禁ヲ直チニ解御自由ノ御人身仰《あおぎ》　候事……」と（同前）。

もちろん、相馬家はとりあわない。建白をつきつけた錦織に、門前ばらいをくらわせた。

錦織は、ただちに東京軽罪裁判所へ、事態の不当をうったえでる。同裁判所も、いちおうこれをうけとめた。十二月十三日には相馬家の家令・志賀直道へ、召喚状を送付させている。当主の監禁についてたずねたいことがあるので、十四日に出頭せよという命令である。

裁判所へでむいた志賀は、相馬家側の事情を説明した。こちらで、勝手に幽閉したわけではない。華族部局第一部長・板倉勝達の許可も、もらっている。不当なところはどこにもない、と。裁判所もこの説明を了承した。錦織をよびだし、その訴状を却下させている。

けっきょく、東京軽罪裁判所も、医者の診断書がいるとは思っていなかった。相馬家の親族が監禁を納得しており、華族部局も同意をあたえている以上、問題はない。そう考えていたのである。ここでも、旧幕いらいの「主君おしこめ」に関する常識が、維持されていたというべきか。

さきほどは書きそびれたが、私宅監禁については警視庁も規則をだしていた。狂人を監禁する場合は、警視庁の許可ももとめなければならない。しかも、医者の診断書をそえて申請する必要があると、きめていた。一八七八（明治十一）年の甲第三八号布告と、一八八〇（明治十三）年の甲第一六号布達がそれである。
おそらく、相馬家はそれを知らなかったのだろう。華族部局の了解さえもらえればそれでいいと、判断していたにちがいない。そして、東京軽罪裁判所も、そのていどにしか考えていなかった。警視庁の布告や布達は、軽んじられていたというほかない。

その警視庁が、一八八四（明治十七）年に、あらためてこんな布達をだしている（一月十八日。甲第三号）。

「瘋癲《ふうてん》人看護ノ為メ私宅ニ於テ鎖錮セントスルモノハ其事由ヲ詳記シ最近ノ親族二名以上連署ノ上医師ノ診断書ヲ添エ所轄警察署ヘ願出テ認可ヲ受ケ解鎖ノ時ハ其旨届出ズベシ若シ之ニ違反シタルモノハ違警罪ノ刑ニ処セラルベシ」（同前）

医者の診断書をそえてもうしでろという。錦織の建白によって相馬家の騒動が世に知れた、その翌月のことであった。相馬事件に刺激されての布達にちがいない。警視庁も、この事件を放置してはおけないと、考えるようになったのである。
なお、この布達は内務省衛生局長の後藤新平が、警視庁に要請してできたものらしい。後藤は以前から錦織の訪問をうけており、相馬事件をあやしいとにらんでいた。そこで、警視庁を説得して、この規則をあらためてさだめさせたのだという。鶴見祐輔の『後藤新平』(前掲)には、そうしるされている。

この後藤にも、あとおしされてのことだろう。錦織は、さっそく警視庁へ、相馬家の不当監禁を告発した。これにたいして、相馬家は二月二十日に、「瘋癲病人鎖錮願」を警視庁へ提出している。すでに隠居をしていた父・充胤の名で、誠胤の監禁をねがいでたのである。

そして、そこには医者の診断書もそえられていた。宮内省侍医・岩佐純の見たてで、こうしるされていたのである。

「右者瘋癲症ニ罹リ、精神全ク錯乱、時々狂躁危険有之ニ付、鎖室ノ上、厚ク療養相加エ可然旨、及指揮候也」(同前)

わずかに四十三字の、まことにあっさりした診断書ではあった。だが、そこには「精神全ク錯乱」と、医者の名で明記されていたのである。監禁願の申請に、医者のおすみつきが顔をだす。旧幕いらいの「主君おしこめ」は、ここにいたって新しい展開をむかえたといえるだろう。医学の権威が、ようやく文書てつづきの世界へ、浮上しだしてきたのである。

だが、この診断書には、とんでもない問題がひそんでいた。そこには、医学の権威と矛盾するような部分も、あったのである。

相馬家から「瘋癲病人鎖錮願」がだされた、その日のことである。警視庁は、さっそく同庁医務所の所長・長谷川泰を、相馬家へ派遣した。誠胤の病室へおもむいて、その症状を確認するためである。

さらに、二月二十二日、二十六日にも、長谷川は診察をつづけている。しかも、この両日には東京府癲狂院の院長・中井常次郎を、同行させていた。精神病院の院長にも、誠胤のぐあいをみさせていたのである。「主君おしこめ」に医学が関与していく度合いは、さらに高まったといえるだろう。

三日間にわたる診察のなかで、たいへんな事実が判明する。相馬家の「鎖錮願」に、岩佐純の名で診断書がそえられていたことは、すでにのべた。だが、相馬誠胤は、岩佐の鑑定などうけたことがないと、いいだしたのである。じっさいの鑑定は、岩佐の弟子がやっていた。当の岩佐じしんは、直接診断を下さなかったというのである。

そのことを、警視庁の長谷川から聞かされた後藤新平は、激怒する。本人をみてもいない医者が、診断書に署名をするとはなにごとだ。いったい、司法医学ということを、岩佐はなんとこころえているのか……。

相馬家へ出入りしていた医者に、戸塚文海というものがいた。誠胤の夫人である京子をみていた医者である。その戸塚も、岩佐は本人をみずに診断書を書いていると、後藤にのべていた。そして、そのことを知った後藤は、鶴見祐輔によれば、こう立腹していたという。

「岩佐純は一等侍医である。医界の元老である。それが診察もしないで、相馬誠胤は瘋癲である、監禁せねばならぬ、というような診断を乞われる儘《まま》に書き与えて、一個の人間の自由を奪うというのは、聞き捨てならぬ昭代の怪事である……お家騒動の陰謀に加担する御典医気質から蟬脱《せんだつ》し得ないのであるか」(同前)

本人を診察せずに診断書を書く。これだと、相馬家の「主君おしこめ」を、そのまま肯定するだけの結果になりかねない。「お家騒動の陰謀に加担する御典医気質」とかわらないじゃあないか。後藤にそう非難されてもしかたのない部分は、たしかにあったのである。

後藤は、日本にも西洋風の科学的な医学を定着させたいと、ねがっていた。それこそ、医学の権威を高めたいと、考えていたのである。岩佐の診断書は、そんな後藤の夢をふみにじっていたといえるだろう。以後、後藤がよりいっそう錦織へ協力していくようになったのも、そのためであった。

精神医学者の岡田靖雄は、後藤にも短絡的なところがあったという。鶴見の『後藤新平』も、叙述が錦織―後藤にかたよりすぎていると、指摘している（「相馬事件と後藤新平」同前月報欄）。だが、後藤に批判的な岡田でも、岩佐純については、こんな話を披露した。

「岩佐純の孫岩佐潔氏にきいたところ、門弟をやって診察させた結果をかいたそうだ、といわれた」（「『相馬事件』探書記」『図書』一九八六年）

たしかに、一八八四（明治十七）年の「鎖錮願」には、医者の署名があった。その意味では、旧幕時代の「主君おしこめ」より、医学が尊敬されだしている。だが、かんじんの医者に、その尊敬をうらぎる部分があった点は、いなめない。医学の権威が高められていく、その過渡期のできごとだったというべきか。

司法精神鑑定へいたる道

警視庁医務所長の長谷川は、三日間にわたって相馬誠胤を診察した。その鑑定結果を、一八八四（明治十七）年三月にだしている。東京府癲狂院長・中井常次郎との連名による「従四位相馬誠胤診断書」である。

二千字ちかくにわたる診断書ではあった。岩佐のそれにくらべれば、四十倍をこえる量である。医学の権威は、すくなくとも量の点でグレード・アップしたというべきか。

その見たても、岩佐のものとはややちがう。岩佐は、「精神全ク錯乱」としるしていたが、長谷川らはこう書いた。

「精神症状、弁知、理会、注意、判断、記憶、想像ノ諸知力、更ニ変状ナク、発作間ノ他ハ道義アリ……発作間ノ暴行ノ他ニ病癖ナク、病状平穏ナリ。之ニ由テ左ノ如ク診断ス。第一、曾テ精神病ニ罹リシモノニシテ、其精神病ノ種類ハ時々発作性偏狂ナリト診定ス……第二、鎖錮ス可カラザルモノト診定ス」（前掲『後藤新平』

第一巻）

ときどき、発作《ほっさ》がおこるという型の精神病である。発作がないときは常人とかわらない。だから、座敷牢への監禁はみとめられないという鑑定結果であった。

岩佐の見たては監禁を肯定している。その点でも、岩佐は相馬家の都合にあわせた診断書を書いていたといえようか。だが、長谷川らは監禁を拒絶する。つまり、相馬家の要請を医学の権威で否定するという事態が、発生したのである。旧幕いらいのお家騒動も、ようやく近代医学の波をかぶりだしたということか。

監禁をみとめられなかった相馬家は、誠胤を精神病院へ入院させることになる。最初は本郷田町（現・文京区本郷）の私立加藤癲狂院へ。そして、つづいては東京府癲狂院へ。もちろん、錦織剛清はこうした手段を非難した。後藤新平も、誠胤を解放させるべく策動する。

錦織は、相馬家の家令を、私擅監禁で東京軽罪裁判所へふたたびうったえた。私《わたくし》の勝手な都合で、自由な個人をほしいままに病院へ監禁しているという告発である。これにたいし、相馬家は家令の志賀らが、文書偽造、誣告《ぶこく》などで逆告訴にふみきった。ここにいたり、東京軽罪裁判所は、よりいっそう厳密な鑑定をもとめだす。東京大学医学部に、誠胤の診察を依頼したのである。こうして、東大のおやとい教師スクリバと三宅秀、原田豊両教授が、鑑定を開始した。

三人は、誠胤が入院している東京府立癲狂院を、おとずれる。そして、相馬家側のつきそいを、みな同家へ帰宅させた。東京大学の三人は、相馬家との関係をたちきって、誠胤をみようとしたのである。医学の自律性が、より高まっていったといえるだろう。

スクリバの診断は、以下のとおりであった。一八八四（明治十七）年十一月十二日の見たてを、翌年一月三日に記述したものである。

「医学上ニ於テ狂躁発作ヲ有スル鬱憂病ト認ム可キ、精神障碍病ニ罹ルモノト断定ス。但《ただし》近来稍《やや》快復ニ赴キタルガ故ニ、適応ノ療養ヲ加ウレバ、全然治癒スルノ目的アルモノトス」（同前）

発作をともなう鬱憂病である。だが、快方にむかっているので、いずれはなおるかもしれないという。翌々月の三月まで誠胤をみつづけた三宅と原田も、この診断を肯定した。二人は三月十二日付の鑑定書にこう書いている。「『ドクトル・スクリバ』氏ノ断定セル……鑑定ニ同意シ、茲ニ其ノ意見ナキヲ証明ス」（同前）。

スクリバは、ドイツからやといれた教師である。ドイツの医学者が診断したということで、権威を感じるむきはあろうか。だが、彼はいわゆる精神科医ではない。その専門は、外科である。

一八九一（明治二十四）年に大津事件がおこったことは、前に紹介した。ロシア皇太子・ニコライが、頭部をきりつけられた事件である。時の政府は、ニコライの治療にと、スクリバを現地へ派遣させている。日本政府が用意することのできた、最高の外科医だったからである。

なお、ロシア側はスクリバによる診察の申し出を、拒絶した。当時の緊張した独露関係のせいだろう。ドイツ人医師の介在を、いやがったのである。

ともかく、一八八四（明治十七）年からの鑑定も、専門家がおこなったわけではない。当時の日本には、まだ専門的なトレーニングをうけた精神科医が、いなかった。スクリバのような外科医が鑑定をたのまれたのも、そのためである。

ちょうど、その二年後、一八八六（明治十九）年のことであった。帝国大学医科大学（現・東京大学医学部）へ、ドイツに留学して精神病学の研鑽をつんできた榊俶《さかきはじめ》が、かえってくる。同年の年末には、その榊が精神病学の講義をひらき、帝大の教授へ就任した。日本で最初に、専門の精神病学が講じられたのは、このときである。

じつは、榊も相馬事件の鑑定に、ひっぱりだされたことがある。一八八七（明治二十）年のことである。この年の三月二日に、相馬家は宗族親族会を華族会館で、開催した。そして、専門家の榊俶にちゃんとした鑑定を下してもらうことを、決意する。いわゆる相馬家騒動に、最終的なケリをつけようとしたのである。榊もこれをひきうけ、さっそく三月五日から鑑定にのりだした。

四月十九日には、診断書が提出されている。なお、この書類には帝大のベルツと佐々木政吉が、同意書をそえていた。榊らによれば、誠胤の病気は「時発性躁暴狂」ということになっている。

さらに、榊は「退院後ノ取扱心得」も執筆した。それにはこうある。

「第一、病勢亢盛スル時ノ外、癲狂院ニ入ルヲ要セズ。自宅療養ヲ可トス。

第二、居室ハ平常ノ構造ニシテ快闊ナルヲ良トス。

……

第四、檻鎖スベカラズ

……

第七、在宅中、読書、唱歌、書画等凡《すべ》テ人意ヲ慰解スル所行ヲ為スハ、患者ノ随意ニ任スベシ」（同前）

自宅で療養するのがいちばんいい。監禁はだめ、当人のいごこちがよいようにすごさせるべきだという。もう、おわかりだろう。相馬家じしんが依頼した鑑定で、監禁という相馬家の方針は否定されたのである。

けっきょく、相馬家は榊による「退院後ノ取扱心得」を、うけいれた。座敷牢へとじこめるという当初の方針は、断念したのである。専門の精神科医は、「主君おしこめ」の決定を最終的にくつがえさせた。医学の権威は、それだけの力をもつまでにいたったのである。「お家騒動の陰謀に加担する御典医」の時代は、終焉をむかえだしたということか。

もっとも、相馬家の相続人じたいは義弟の順胤になっている。宮内大臣が、同家からだされていた「相馬順胤相続人願」を、受理したからである。一八八六（明治十九）年四月十四日のことであった。同家が誠胤の非監禁自宅療養をうけいれたのも、そのせいかもしれない。

余談だが、錦織の敵役となった相馬家の家令・志賀直道は作家・志賀直哉の祖父である。直哉じしん、祖父のことを実録風の小説に書いている。「憶い出した事」と「祖父」の二作品がそれである。祖父は、錦織や後藤のおかげで、世間から悪者あつかいにされていた。それを、子供心につらく感じたことなどがえがかれている。じっさい、志賀直道は、相馬家騒動のおかげで、逮捕されたこともあった。一八九三(明治二十六)年のことである。この前年に、自宅療養をつづけていた相馬誠胤が、病死した。その死因が、彼のしくんだ毒薬のためではないかと、うたがわれてしまったせいである。

相馬事件を報道するマスコミは、ふたたび色めきたつ。前の「主君おしこめ」さわぎをも上まわるように、わきたった。だが、精神鑑定にかかわるできごとではないので、ここでは言及をひかえておく。

「心神喪失者に罪は問えない」とされたとき

心神喪失者は、刑法上の罪に問えない。一八八二(明治十五)年から施行された旧刑法には、そう明記されている(第七八条)。

だが、このころだと、まだきちんとした司法精神鑑定がおこなわれたことはない。医学的な鑑定が実施されだすのは、相馬事件の中盤ごろ。正式の精神科医が関与したのは、ようやく一八八七（明治二十）年になってからである。

旧刑法施行当初は、どうやって心神喪失を弁別していたのか。誰が狂気の有無を、判断していたのだろう。こたえはあきらかである。専門の医者はみなかったのだから、裁判官がその見きわめをつけていたと考えるほかはない。

いうまでもなく、彼らは法律の専門家である。精神病学に関しては、まったくのしろうとであった。心神喪失かどうかの判断が、十全になされたかどうかはうたがわしい。しろうと目にもはっきりそれとわかる狂気以外は、見落とされていたのではないか。

話をさらにさかのぼる。江戸時代の訴訟を考えたい（高柳真三『江戸時代の罪と刑罰抄説』一九八八年）。

旧幕時代の刑事裁判で、乱心者が無条件に免責されることは、まずなかった。たとえば、乱心者の殺人は、「下手人」という名の刑、つまり斬首に処せられている。磔《はりつけ》などにくらべれば軽いあつかいだが、それでも死罪はまぬがれなかったのである。

ただ、被害者の親族から宥免《ゆうめん》のねがいがだされれば、免責されることはあった。乱心者が刑事責任からのがれるためには、被害者側の了解が必要とされたのである。罪を問うかどうかを最終的に左右したのは、狂気の有無ではない。被害者側がそれを納得するかどうかに、すべてはかかっていた。当時の刑法が復讐刑の観念に立脚していたことが、よくわかる。

もっとも、放火の場合だと、乱心者は座敷牢への幽閉ですまされることになっていた。殺人だと異常者でもゆるされにくいが、放火は大目にみてもらいやすかったのである。

こまかくみていけば、こういう規則も時期によってちがっている。江戸時代全般がそうだったと言えるわけでは、けっしてない。さらに殺人では、被害者と加害者の身分関係によっても、量刑が変わってくる。なかなか、かんたんにまとめきれることではない。

にもかかわらず、これだけは言えるだろう。乱心が証明されたとしても、無条件に刑事責任からのがれられることはなかった、と。当時の刑法は、それほどの大きい比重を、乱心にはおいていなかったのである。

その意味で、一八八二（明治十五）年に施行された刑法は、画期的だった。心神喪失者に罪は問えないという。被害者側の同意があるかどうかは、問題になりえない。とにかく、狂気の有無が刑罰を左右する。それだけ大きなウエイトが、狂気の判定におかれることとなったのである。

この刑法は、ボワソナアドの指導によって、まとめられている。当時のフランス刑法を手本にした法律である。日本の法律家には、なじみにくい部分も、あったかもしれない。心神喪失者の無答責をきめた条項も、革新的にすぎた可能性はある。なんといっても、専門の精神科医がまだいない時期であった。制度的な医学が、狂気を認定したりすることはなかったのである。裁判官の判断で、犯人をいきなり無罪とすることができたかどうか。よほど明白な狂気でないかぎり、見すごされた可能性があると、推測するゆえんである。

精神医学、あるいはその社会史への可能性

相馬事件の発生で、司法精神鑑定をめぐる状況は一変する。「お家騒動の陰謀に加担する御典医」が、てきとうな診断をするのではない。専門的な研修をうけた精神科医が、近代医学の名において科学的な鑑定を提示する。「お家」の希望とはくいちがう結論をつきつけることも、ありうるようになった。

精神病学の権威も、とうぜん高まっていっただろう。もちろん、帝国大学医科大学での開講も、その権威をよりいっそう強めていったにちがいない。

一八九二（明治二十五）年には、榊俶が東京地方裁判所の嘱託を、兼任しだしてい

る。司法省からの要請にこたえた就任である。司法が精神病学に敬意をはらってい
く。そのあきらかな趨勢が、読みとれよう。
一八九四（明治二十七）年には、警視庁が「精神病者取扱心得」を制定した。「精神病者監護法」が公布されたのは、一九〇〇（明治三十三）年のことである。これも、相馬事件がひきがねとなった立法だといわれている。
司法精神鑑定の重要さも、とうぜん強く認識されるようになっただろう。精神科医が法廷とかかわりあう度合いも、高まっていったはずである。
一九〇八（明治四十一）年には、新しい刑法が施行された。現行刑法の基礎となった法律である。その第三九条にはこうある。

「心神喪失者ノ行為ハ之ヲ罰セズ、心神耗弱者ノ行為ハ其刑ヲ減軽ス」

心神喪失だけではなく、あらたに心神耗弱というカテゴリーが導入された。つぎに、旧刑法（一八八二年施行　第七八条）の条文を、ひきうつしておこう。

「罪ヲ犯ス時、知覚精神ノ喪失ニ因テ是非ヲ弁別セザル者ハ、其罪ヲ論ゼズ」

新旧のちがいは、明白である。旧刑法は、心神喪失者のとりあつかいだけしか、きめていなかった。

心神耗弱は、心神喪失より軽い症状をさしている。精神が衰弱していて、識別力にとぼしい状態を、そうよぶ。きわめてデリケートなカテゴリーである。健常者との区別、あるいは心神喪失者との区別も、むずかしかろう。

とうぜん、しろうとでは判定しきれない。その弁別は、やはりトレーニングをうけた専門家に、依存せざるを得なくなる。つまり、新刑法のほうが、精神科医の役割を重視していることになるのである。

あるいは、こうもいえようか。精神病学が法廷で権威を高め、司法へ介入する度合いを高めていく。その過程でできたのが、耗弱と喪失を弁別するような新しい法規だったのだ、と。

ほんらいなら刑事責任をおわせるべき被告を無罪にする、あるいは減刑する。考えてみれば、たいへんなことである。だが、現代の精神病学にはそれだけの力がある。江戸期の御典医にはありえないような力。それこそ、死刑になりかねないものを無罪だとさせるだけの権限を、手にいれた。

もちろん、訴訟当事者の精神状態を最終的に判断するのは、裁判官である。医学的な鑑定は、そのための参考資料として提出されているにすぎない。だが、裁判官が専門家の鑑定を無視するのは、困難である。医学の権威は、なかなかそういう無礼をみとめないだろう。

法廷で、精神科医たちの鑑定は、どのようにあつかわれてきたか。その歴史をたどれれば、おもしろい研究になりそうな気がする。精神病学が、いかにして法廷での覇権をふくらませていったのか。その権限拡張に関する歴史が、あきらかになるだろう。医学の社会史としては、うってつけのテーマだと思う。

ざんねんながら、今の私にはそれをなしとげるだけの余裕がない。あるいは、力量もないというべきか。ここでは、相馬事件の推移に、その発端を読みとることでおわってしまった。

相馬家の誠胤監禁をめぐる騒動に、刑事被告がいたわけではない。家の相続をめぐる、民事のもめごとだといえる。司法精神鑑定が刑事責任の有無を左右する事例だとは、いいがたい。

その点でも、ここでの論述にはものたりないところがある。できれば、精神鑑定のルーツを、刑事訴訟の歴史上でもさぐるべきだったのだろう。今後の課題にしておきたい。

医学の権威がレッテルはりをもたらした

大津事件（一八九一年）の裁判で、精神鑑定が要請されなかったことは、すでにのべた。被告には、精神異常の可能性がある。にもかかわらず、弁護人たちは精神鑑定という手段にうったえでなかったのである。

心神喪失の無答責という旧刑法第七八条も、まだじゅうぶん浸透していなかったのか。たしかに、「罪を論ぜず」と記載されてはいる。だが、実地に運用されるほど、なじまれてはいなかったということか。

とはいえ、榊俶が相馬事件の精神鑑定を担当したのは、大津事件の四年前である。司法精神鑑定の重要さは、すでに認識されていただろう。じじつ、大津事件をつたえる報道にも、精神錯乱＝無罪の可能性へ言及したものは、あった。

やはり、大津事件では精神鑑定を、わざともちださなかったのではないか。刑法の遵守より、国益のほうが優先されていたのだと思う。前にも指摘したところだが、あらためてこの推論を繰り返す。

もちろん、この邪推だけを強調するのは、的はずれであろう。まだ精神鑑定は、後の時代ほどにはその重要性が、理解されていなかった。たしかに、大津事件では、それが意図的に無視されていたかもしれない。だが、無視してもかまわないだろうというていどにしか、認識されていなかった。そのことも、事実だろう。

精神病学が、法廷でその権限を拡大させていく。そんな歴史のなかでは、初期のややネガティブなほうの事例に属すると、考えたい。

さて、反・皇室分子が「狂人扱い」をされだすのは、一九一〇―二〇年代からである。ひょっとしたら、このレッテルはりも、精神病学の浸透とつながっていはしまいか。

一九世紀の末ごろから、司法の世界は精神病学を尊重しはじめる。裁判所も警察も、それとのかかわりを強めだす。こうした趨勢のなかで、司法は狂気を重要な問題として、あつかうようになる。狂人対策が、大きな課題として浮上する。精神病学が司法に浸透することで、狂気が重視されるようになるのである。

新しい刑法の定着も、この傾向を強くあとおししただろう。狂気をもったものは、どんな凶行をしでかしても、罪が軽くなる。あるいは、罪を問えなくなる。そのことがはっきりしていくなかで、狂人を危険視する度合いが、強くなる。凶悪な犯行をおかしても、減刑、もしくは無罪にせざるをえない。それは、彼らならなにをしでかしてもしようがないということだ。あいつらは、あぶない。ほうっておいたら、なにをするかしれたものではない。こんな観念が、以前にもまして強くいだかれるようになっていく。

狂人を放置しておいてはいけない。野ばなしなどは論外、自宅監置にまかされている現状も、あらためられる必要がある。できるだけ、病院などのしかるべき施設へ収容するようにしなければ、いけない。とうぜん、そんな思いも強化されていっただろう。

じじつ、治安当局は、精神病患者のチェックに力をいれはじめた。なかなか実現はしなかったが、収容施設の充実もめざしだす。狂人はあぶないという観念がふくらんでいくのも、必然のなりゆきではあった。さらに、あぶないのは狂人だというイメージも、並行して増幅されていく。

では、当時もっともあぶない罪として意識されていたのは、なにか。いうまでもない。不敬の罪である。とりわけ、大逆罪は重大な罪として位置づけられていた。最終審である大審院だけで、これをとりあつかっていたのも、そのためである。

だからこそ、不敬と大逆に狂気のイメージがただよいだしたとは、いえまいか。じっさい、一九一〇年代からは、皇室警備の担当者も、異常者対策に本気でとりくみだす。不敬犯＝「狂人」という観念は、こうした趨勢のなかでふくらまされてきたのではないか。

あるいは、こんなストーリーも考えうるだろう。

以前は、精神病学があまり重視されていなかった。だから、狂気の認定という作業がそれほどの大問題として浮上することもない。不敬漢の類も、狂人かどうかという点で、さわがれたりはしなかった。それよりは、厳罰で処分するという対処のほうが、先行したのである。

だが、精神病学の権威が高まれば、様子もちがってくる。狂気の有無を認定することが、法律の世界でも大きな意義をもちはじめる。あるいは、どのていどの狂気があったのかを判断することも。

不敬漢の場合も、その認定が大きな課題になってきた。狂気の有無を黙殺し、厳罰をあたえるというだけでは、もうすまない。じじつ、医者たちは、この種の事件にさいしても、鑑定の役割をあたえられだしている。

では、当該不敬漢に狂気はあるのか。それとも、ないのか。この問題をつきつけられた医者は、しばしば自分の診断をねじまげる。医学的には正常だと思っても、そう公然と言いきることができにくい。逆に、自らをいつわって、狂人だといいつくろうケースがおこってくる。

精神病学にまだ権威がないころだと、医者の判断が重要だと思われることもない。必然的に、こういう認定の場へかりだされることも、なかったろう。だが、ひとたび権威ができると、そういうわけにもいかなくなる。医者の判断が重視されるので、認定の役目をおしつけられることが、ふえてくる。たとえば、フレーム・アップの役割を。

国是を超越できるだけの権威がそなわれば、より純粋に医学的な鑑定も下せよう。どんな不敬であっても、正常なら正常だと言いきれる。たとえば、東京帝大教授の呉秀三がしたように。しかし、そこまでの権威が、まだ確立していないとすれば。中途半端にしか、その権威が高まっていなければ。医学的な判断より、政治や国是を優先させざるをえないことも、あるだろう。

精神病学が社会的な力をつけていく。それにおうじて、司法の世界も狂気という問題を、以前より重視しはじめる。ついには、大逆犯に「狂人」というレッテルをはることさえ、おこるようになってきた。

もしそうだとしたら……。精神病学にとっては、まことに皮肉な歴史だというほかない。

医学の権威を高めよう。「お家騒動の陰謀に加担する御典医気質」からは、脱却していきたい。そういういきおいにそくして、精神病学は社会的な力をつけ、法曹会へも浸透した。

だが、そのために、あらたなフレーム・アップを余儀なくされることがおこってくる。不敬・大逆＝狂気というレッテルはりに、加担させられるケースが発生した。精神病学が、近代的な発達の必然によって、自らをうらぎる事態に直面させられる。学術の歴史がはらむ逆説のひとつとして、ここにあえて書きとめたい。

なんとも、修辞的なストーリーである。そのあやふやさに、書いている私じしん忸怩たる思いがする。

ほんらいなら、不敬裁判に関する記録を歴史的に、すべてあらいだすべきなのだろう。あと、それに関する精神病学や刑法学、そして警察学の言説史を、追跡する必要があると思う。そうすれば、不敬を狂気だとする観念の誕生も、もうすこし実証的にたどれるのに。それができない今の自分を、はがゆく思う。御寛恕をいただきたい。

第七章　マッカーサーに語ったこと

「私は……全責任を負う」という物語

第二次世界大戦は、周知のように日本の敗北で終了した。一九四五（昭和二十）年のことである。以後日本は、連合国に占領されることとなる。

八月三十日には、連合国軍最高司令官のマッカーサーが、日本へ到着した。九月二十日には、総司令部のおかれた第一相互ビルへ、はいっている。皇居の東側、その真向かいに位置するビルである。

マッカーサーに、昭和天皇が面会をもとめて会いにいったことは、よく知られている。同年九月二十七日のことであった。もっとも、面談の場所は総司令部ではない。マッカーサーの希望により、天皇はアメリカ大使館へ、彼を訪問することとなった。

午前九時五十分に、天皇一行は吹上御《ふきあげお》文庫《ぶんこ》を、三台の自動車で出発する。そして、十時一分には、大使館へたどりついた。フェラーズ准将らにそこでむかえられた天皇は、さそわれるままに入館する。マッカーサーは、廊下でまちうけ、天皇を客間にいざなった。通訳を介して会談にはいったのは、それからである。

このとき、二人はいったい何を話しあったのだろう。どういったことを語りあったのか。その会談内容は研究者の間で、ながらく謎だとされてきた。

いっぱんにひろく知られているのは、マッカーサー自身の証言である。当事者のひとりである彼は、会談の十九年後に、こう書いた。

「私は天皇が、戦争犯罪者として起訴されないよう、自分の立場を訴えはじめるのではないか、という不安を感じた……しかし、この私の不安は根拠のないものだった。天皇の口から出たのは、次のような言葉だった。

『私は、国民が戦争遂行にあたって政治、軍事両面で行なったすべての決定と行動に対する全責任を負う者として、私自身をあなたの代表する諸国の裁決にゆだねるためおたずねした』

私は大きい感動にゆすぶられた。死をともなうほどの責任、それも私の知り尽している諸事実に照らして、明らかに天皇に帰すべきではない責任を引受けようとする、この勇気に満ちた態度は、私の骨のズイまでもゆり動かした」（津島一夫訳『マッカーサー回想記』一九六四年）

天皇は、弁明をしなかった。責任は、すべて自分にある。そう明言したというのである。たいへんな美談というべきか。

マッカーサーは、これと同じようなことを、あちこちでしゃべっている。回想録を出版する前から、いろんなひとに語っていた。一九五五（昭和三十）年には、当時の外相・重光葵《しげみつまもる》へ、つぎのようにのべている。

1945年9月27日、昭和天皇は連合国軍最高司令官・マッカーサー元帥をアメリカ大使館に訪ねた。ネクタイなしのマッカーサーと正装の天皇との歴史的会見

「陛下はまず戦争責任の問題を自ら持ち出されつぎのようにおっしゃいました……〝私は日本の戦争遂行に伴ういかなること

にもまた事件にも全責任をとります……〟これが陛下のお言葉でした」(重光葵「天皇陛下讃えるマ元帥」『読売新聞』一九五五年九月十四日付)

マッカーサーの通訳をしていたバワーズ元大尉も、こう書いた。

「陛下は……『私が全責任をとる。だから、東郷や東条や重光らを罰さずに、私を罰せよ』といわれた」(「天皇・マッカーサー会見の真実」『文藝春秋』一九八九年四月特別号)

きわめつけは、皇太子・明仁の家庭教師をしていたバイニング夫人の回想である。彼女はマッカーサーから、天皇の発言をつぎのように聞かされていた。

「私をどのようにしようともかまわない……絞首刑にされてもかまわない」(『東京新聞』一九八七年十月三日付)

マッカーサーが、各方面に天皇のいさぎよさを吹聴していたことが、よくわかる。

そして、この話は、けっこうひろく流布された。天皇の美談として、繰り返し繰り返し、活字になっている。天皇＝マッカーサー会談に関しては、いちばん人口に膾炙《かいしゃ》したストーリーだと評せよう。

だが、昭和天皇はほんとうに、そう言ったのだろうか。責任はすべて自分にある。そんなふうに明言してしまえば、ほんとうに戦争責任を問われることもありうる。天皇＝戦犯指定の可能性があったこの時期に、そういう発言がとびだすとは思いにくい。

マッカーサーと天皇の会談には、日本側の通訳もたちあっていた。外務省参事官の奥村勝蔵である。二人の会話は、奥村によって記録に書きとめられている。外務省と宮内庁に保管された記録が、それである。そして、それはいまだに公表されていない。すくなくとも、公式的には。

戦史研究家の児島襄《のぼる》が、しかしその記録をすっぱぬいたことがあった。『文藝春秋』一九七五（昭和五十）年十一月号でのことである。書式などの点から、これこそが正式の記録だろうと、研究者たちからも信頼されている。第一級の資料である。

だが、そこには、天皇がすべてを自分の責任だとみとめたような言葉は、みられない。「絞首刑にされてもかまわない」などというニュアンスを、読みとるのも困難である。けっきょく、そういうことは、言わなかったのだろう。すくなくとも、それほど力強い発言はなかったのだと思う。

マッカーサーが、いさぎよい天皇像を公言しだしたのは、一九五〇年代の中頃から。連合国軍最高司令官をしりぞいて、アメリカへ帰ったあとである。もう、天皇の戦争責任が国際政治の舞台で追及される危機は、すぎていた。

「私は……全責任を負う」。かりに天皇がそう言っていたとしても、それで罪にとわれるおそれはぜんぜんない。そんな段階になっていたからこそ、安心して天皇像を美化していけたのではないか。

日本の占領政策は、天皇のおかげでスムーズにすすめることができた。マッカーサーには、その点で天皇をありがたく思っていた部分も、あったろう。感謝の気持ちだって、なかったわけではあるまい。

だからこそ、「男らしく責任を取ろうとした天皇像を創出してみせ、天皇への土産とした」。現代史の研究者である松尾尊兊《たかよし》は、マッカーサーの物語づくりを、そう説明している。日米協調に腐心してくれたことにたいする、返礼だったという解釈である。

松尾はそのことを、『京都大学文学部紀要』第二九号（一九九〇年）に書いている。「考証昭和天皇・マッカーサー元帥第一回会見」と題された研究である。九月二十七日の会見に関しては、もっとも精緻な考証だといえるだろう。私もその判断を信頼する。

ふたつの天皇像

さきほどは、いさぎよい天皇像をつたえる回想類を、紹介した。だが、すべての文献がそういう書き方になっているのかというと、そうでもない。まったく逆に、姑息な弁明をこころみた天皇というイメージをえがいた記録も、ある。いや、敗戦後に書かれたものだと、むしろそちらのほうが多い。

たとえば、『ライフ』誌の一九四六（昭和二十一）年三月四日号を、見てみよう。リチャード・ラウターバックという記者が、「秘密日本戦争計画《シークレットジャップウォープランズ》」を書いている。そのなかに、九月二十七日の会談を、こんなふうにしるしたところがある。

「裕仁がマッカーサー元帥を訪問したとき、元帥は『なぜ、あなたは戦争を許可したのか？』とたずねた。天皇は……ゆっくりとこういった。『もし私が許可しなかったら、彼らは新しい天皇をたてたことでしょう。戦争は日本人民の意志でした。

あの時どんな天皇でも、この人民の希望に反対することはできなかった』」(松尾前掲論文)

すべてを自分の責任だというのとは、正反対の議論である。自分には、戦争をとめることができなかった。「戦争は日本人民の意志で」あるという。あきらかに、「日本人民」へ責任を転嫁した議論ではあった。

これと同じ話は、日本でも紹介されている。一九四六(昭和二十一)年五月五日のことである。NHKのラジオ番組「真相箱」は、午後八時から、ふたりの会見内容を報道した。それを聞いていた弁護士の正木ひろしは、つぎのような紹介ぶりであったと、書きとめている。なお、「真相箱」は、GHQの民間情報教育局が製作していた番組である。

「何故に宣戦の詔書に署名したのかという問に対し、天皇は、朕が署名しなかったら別の天皇が立てられて署名させられたであろうと答えたとのことである」(正木ひろし『日本人の良心』一九四九年)

のだろう。

のちに、週刊新潮編集部も、そういう放送があったことを確認した（『マッカーサーの日本』一九七〇年）。たしかに、そんな話が、電波でながされたことは、あった

自分が拒絶しても、べつの天皇が擁立されて開戦をしいられたはずだという。「真相箱」と『ライフ』の記事は、その点が一致している。おそらく、ニュース・ソースは同じところにあったのではないか。

松尾尊兊は、そのネタ元を、極東諮問委員会にもとめている。日本の占領政策へ助言をあたえるために、連合国側がつくった委員会である。

一九四六（昭和二十一）年一月二十九日のことであった。マッカーサーは、来日中の委員会メンバーを前にして、演説する。そのなかで、彼はこんなことを言っていた。ニュージーランドの代表が、本国へおくった文書から判明した発言である。

「マッカーサー元帥は……開戦を禁じることも可能であると考えなかった理由を説明するよう天皇に迫りました。天皇の答えによれば……彼も（また、たとえ如何なる人物が天皇であったとしても）、戦争開始当時の政界の声や世論の圧力にたいして有効に抗することはできなかったであろう、というのでした」（中村政則「日本

占領と天皇制」『歴史学研究』一九八九年十一月号）

自分は無力であり、開戦はさけられなかった。天皇はそうマッカーサーに、弁明していたという。当のマッカーサーじしんが、そうのべている。

『ライフ』の記者たちが、同じような話を記事にすることができたのは、この演説による。彼らは、マッカーサーのスピーチを、やや誇張して記事にしたのである。

しかし、昭和天皇がそれだけ強く自己弁護をこころみていたかどうかも、うたがわしい。通訳の奥村が書いた記録を見るかぎり、そういうことをのべていた形跡も、ないのである。さきほどは、いさぎよすぎる天皇像の誤謬を指摘した。だが、弁明に腐心していた天皇というストーリーも、まちがっているのである。

では、なぜ極東諮問委員会のマッカーサーは、天皇の自己弁護を力説したのだろう。『回想記』では、天皇のいさぎよさを、あれほど強くうたいあげていたのに……。その本人が、会見直後には、いさぎよくない天皇像を物語る。弁明のあったことを強調する。いったい、どうしてか。

マッカーサーは、天皇の戦争責任を追及してはならないと、考えていた。なんとしても、天皇はまもらねばならないという方針を、たてていた。そのためには、天皇の釈明が、必要になってくる。だが、天皇をしかるべき席へひっぱりだすわけには、いかない。だからこそ、マッカーサーがその部分をやや強めに代弁したのだと、思われる。

天皇が戦犯とされうる可能性もあった時期である。その釈明が、連合国側にたいして、誇張気味に語られたとしても無理はない。すくなくとも、「全責任を負う」などという言辞は、もちだせなかったろう。そんな時代ではなかったはずである。だが、戦犯の可能性がなくなれば、話もちがってくる。もう、弁明的な言辞を弄させる必要は、どこにもない。責任は自分にあった。そう天皇が言っていたという伝説を語っても、累はおよばないのである。後年のマッカーサーが、いさぎよい天皇像を口にすることができたのも、そのためだろう。

では、じっさいのところ天皇は、マッカーサーに何を語っていたのか。戦争責任については、どういったことをしゃべっていたのだろう。

両者の通訳をした奥村の記録は、この点について多くを語らない。「コノ戦争ニツイテハ、自分トシテハ極力之ヲ避ケ度《た》イ考デアリマシタガ、戦争トナルノ結果ヲ見マシタコトハ、自分ノ最モ遺憾トスル所デアリマス」。天皇は、マッカーサーにそうのべていたという。ただ、それだけの記述になっている。

松尾尊兊は、しかしそれを天皇の肉声とはみなさない。もうすこし、つっこんだ言葉があったと、類推する。以下に、松尾論文から、その部分をひいておく。

「私は戦争責任問題についての天皇発言は、おおよそ次のようなものではなかったかと推測する。『開戦についていえば、宣戦布告に先立って真珠湾攻撃を行うつもりはなかった。私は戦争回避のため極力努力したが、結局は開戦のやむなきにいたったことは、まことに遺憾である。その責任は日本の君主たる自分にある』」

ただただ、弁解をしたというわけではない。「全責任を負う」と見得をきったりも、しなかった。すこし釈明をして、いくらかの責任は肯定する。それが、九月二十七日の天皇発言だったというのである。

それを聞いたマッカーサーは、最初、弁明のほうを強調して流布させた。だが、のちには、責任をみとめた部分を、おおげさに語りだす。そして、もともとの天皇発言には、その両面がそなわっていた。ごく希薄にではあるが、弁明もあったし、責任の肯定もなされていた。そう松尾は考える。

もちろん、文献的にそれが立証できているわけではない。唯一の根本資料である奥村の記録にも、そんな会話はしるされていないのである。松尾の類推であるにとどまるというしかない。

だが、この推測をみちびきだすてつづきは、たいへんあざやかである。きびしい考証をへた眼力が、これしかないという推論をもたらした。私も、その結論にしたがいたい。考証と推理の筋道が気になる読者には、松尾論文の一読をおすすめする。

なお、当の天皇じしんは、ついに一度も九月二十七日の会談内容をあきらかにしなかった。後年、記者会見で質問をうけたときにも、次のように返答をさけている（高橋紘『陛下、お尋ね申し上げます』一九八八年）。

「秘密で話したことですから、私の口からはいえません」（一九七六年十一月六日）

「マッカーサー司令官とはっきりこれはどこにもいわないという約束を交わしたことですから、男子の一言のごとき（笑い）ことは、守らなければならない」（一九七七年八月二十三日）

話の内容については、口外しない。マッカーサーと、そう約束をしたという。

だが、そのマッカーサーは、あちこちで会談のことを語っていた。しかも、会談の直後から、ややおおげさに。にもかかわらず、昭和天皇はマッカーサーとの約束があるのでしゃべれないという。あくまでも約束を守るという、たいへん律義な態度ではあった。

天皇に単独会見した男

アメリカに、かつてジョン・ガンサーというジャーナリストがいた。『欧州の内幕』『アジアの内幕』などの、いわゆる内幕物で知られている。世界的な知名度をほこっていたライターである。

そのガンサーに、『マッカーサーの謎《リドル》』(一九五一年)という著作がある。マッカーサーとその日本占領政策をえがいた、ドキュメンタリーである。

ガンサーは、一九五〇(昭和二十五)年六月に、日本へやってきた。そして、マッカーサーとその周辺を、取材しはじめる。GHQのあとおしもあったからだろう。昭和天皇との単独会見も、やってのけた。

翌年には、『マッカーサーの謎』を書きあげている。たいへんすばやい取材と執筆であった。日本語訳も、その年の五月にはだされている。

この本にも、九月二十七日の天皇発言にふれたところがある。ガンサーによれば、天皇はマッカーサーと、こんなやりとりをかわしあっていた。

「この第一回の会見で、天皇はこんどの戦争に遺憾の意を表し、自分はこれを防止したいと思ったのだといった。するとマッカーサーは、相手の顔をじっと見つめながら、もしそれがほんとうだとするならば、なぜその希望を実行に移すことができなかったのか、とたずねた。これにたいする裕仁の答えは、大体次のようなものだったそうだ。

『わたしの国民はわたしが非常に好きである。わたしを好いているからこそ、もしわたしが戦争に反対したり、平和の努力をやったりしたならば、国民はわたしをきっと精神病院かなにかにいれて、戦争が終るまでそこに押しこめておいたにちがいない。また国民がわたしを愛していなかったならば、かれらは簡単にわたしの首をちょんぎったでしょう』」（木下秀夫・安保長春訳）

昭和天皇を、精神病院へ幽閉する。あるいは、殺害する。そうすれば、とうぜん新しい天皇が擁立されることになる。つまり、これは事実上、皇位の交代を意味する弁明なのである。

戦争に反対したら、別の天皇がたてられただろう。『ライフ』誌などに紹介された昭和天皇も、そんな発言をしたことになっていた。ガンサーのえがく天皇像も、その点では『ライフ』誌の報道につうじよう。同じ情報源からもたらされた記事だと思う。

だが、表現はずいぶんなまなましくなっている。『ライフ』誌などは、皇位が交代する可能性を指摘するに、とどまっていた。だが、ガンサーのえがく天皇発言は、よりふみこんだところをついている。精神病院へおしこめる。首をきりおとす。そんなふうに、天皇退位の具体的な手順にまで、話がおよんでいたのである。

昭和天皇が、そんな言い方をマッカーサーにしていたとは、思えない。また、マッカーサーが、そうガンサーへ語っていたかどうかにも、疑問はある。おそらく、ガンサーのいさみ足だったのだろう。

ただ、昭和天皇が皇位交代の可能性を、弁明の材料として考えていたことは、想像がつく。九月二十七日に、マッカーサーへそう弁明をしていたといいたいわけでは、けっしてない。そんな発言は、まずなされなかっただろう。だが、心中のどこかには、そんな思いが去来することもあったのではないか。

開戦に反対すれば……「独白録」は弁明する

敗戦の翌年、一九四六（昭和二十一）年三月から四月にかけてのことであった。昭和天皇とその側近たちは、ひとつの記録を作成する。昭和天皇の「独白録」といわれる文書である。天皇みずからが、日中戦争以後の歴史を回顧する。そして、側近たちがそこで語られたことを、書きとめていったのである。

同じ年の五月三日には、いわゆる東京裁判がはじまっている。戦争犯罪人をさばくための裁判である。「独白録」がつくられたのは、その開廷を目前にひかえた時期であった。おそらくは、裁判を意識した作業だったろう。天皇じしんの弁明という意図も、なにほどかはこめられていたにちがいない。

「独白録」は、その全文が『文藝春秋』誌に掲載された（一九九〇年十二月号）。たいへんな反響をよんだことは、記憶に新しい。昭和天皇の戦争責任問題などが再燃したことも、よく知られていよう。

その「独白録」に、こんなくだりがある。

「私が若《も》し開戦の決定に対して『ベトー』をしたとしよう。国内は必ず大内乱となり、私の信頼する周囲の者は殺され、私の生命も保証出来ない。それは良いとしても結局狂暴な戦争が展開され、今次の戦争に数倍する悲惨事が行われ、果ては終戦も出来兼ねる始末となり、日本は亡びる事になったであろうと思う」

「ベトー」は、ラテン語のvetoで、拒絶を意味する。もし、自分が戦争に反対すれば、殺されていただろう。戦争をおしとどめることは、誰にもできなかったというのである。

『ライフ』誌やNHK「真相箱」のつたえる天皇発言と、よく似ている。ガンサーがあらわしたそれにも、通底する。戦争を余儀なくされた、その弁明は、この「独白録」でもうかがえるのである。

やはり、天皇は開戦に反対すれば退位させられると、考えていた。すくなくとも、そういう弁明を準備していたことは、まちがいない。天皇はマッカーサーへ、ガンサーのつたえるようには、語らなかったろう。だが、ガンサーが書いたようなことを、内心では思っていたのである。

戦争に反対すれば殺された……。こういった言辞を、責任のがれの言い訳だと考えるむきはあろう。

本気で言っているわけではない。ただただ、戦争責任を追及されたくないという一心で、ウソをついている。猿芝居にほかならない。以上のように考えるひとびとも、いるだろう。とくに、天皇を戦犯視する伝統的な左翼なら、そう判断するにちがいない。

しかし、私は天皇が、あるていど本気でこういう心配をしていたと思う。保身のためだけにひねりだされた狂言だとは、考えない。

こう書くと、保守反動よばわりをされようか。天皇の戦争責任を隠蔽する、右よりの論客だときめつけられるかもしれない。不本意ではあるが、そんなレッテルのはられることも覚悟のうえである。私がそう判断する根拠については、これからくわしく説明することにしておきたい。

御用邸での御静養

もういちど、ジョン・ガンサーが紹介した、九月二十七日の天皇発言を、検討してみよう。開戦を拒否したら、「国民はわたしをきっと精神病院かなにかにいれ」たにちがいない。ガンサーによれば、昭和天皇はそうマッカーサーへ語っていたという。

このことじたいは、何度ものべているように、ありえまい。そんな発言は、なされなかっただろう。

だが、昭和天皇の脳裏にこういう危機感がよぎっていた可能性は、じゅうぶんある。精神病を名目にして、事実上の退位を要求されてしまう。そんなおびえがぜんぜんなかったとは、いいきれまい。

もちろん、天皇をじっさいに精神病院へ入院させるようなことは、なかったろう。そんなことをすれば、天皇家そのもののイメージにキズがつく。とうていなしうる処置ではない。

かりに、天皇が反戦的にふるまったとしたら。そんな天皇をきらって退位させたく思うのは、好戦的な軍人たちであろう。だが、彼らは天皇制そのものを否定したがっているわけではない。皇室には畏敬の念を、いだいている。

そんな尊皇家たちに、はたして天皇を精神病院へおしこんだりすることが、できるものか。まず、ありえないと考えるのが、妥当なところであろう。

しかし、どこかの離宮あたりで、「御静養」をねがうというぐらいなら、どうか。天皇は、「御病気」なので、事実上皇位から身をひいてもらう。そして、だれか別の皇族に天皇の職務を代行させる。これなら、まったくありえないことでもないだろう。

天皇の法定代行者を、いっぽんに摂政とよぶ。そして、旧憲法の皇室典範には、その摂政規程がさだめられていた。天皇が「久キニ亘《わた》ルノ故障ニ由リ大政ヲ親《みずか》ラスルコト能ワザルトキ」は、摂政をおく（第一九条）。すなわち、天皇に「故障」があれば代行者を就任させるというきまりである。

では、「久キニ亘ルノ故障」とは、どういうことか。それを、伊藤博文の『憲法義解』（一八八九年）は、こう説明している。「重患弥留《びりゅう》歳月の久しきに亘り医治の望み」がない場合だと。

なおるみこみがない重病のときは、摂政をさだめる。もちろん、このきまりは精神病のときにも、適用できるだろう。回復がみこめない精神病も、摂政をおく理由に、じゅうぶんなる。

昭和天皇にもしおびえる部分があったとしたら、ここのところではなかったか。戦争に反対すれば、好戦的な軍人たちは自分を皇位からしりぞけたがる。戦争に好意的な皇族を、摂政につけたいと思うかもしれない。

だが、摂政を新しくきめるためには、自分を病気にさせる必要がある。そして、精神病なら、医師のさじかげんでそう診断されないともかぎらない。病院はともかく、葉山の御用邸あたりへおしこめられる可能性は、ある。精神病という名目さえなりたてば。そして、その名目をたてるのが、それほどむずかしいことではないとしたら……。

「国民はわたしをきっと精神病院かなにかにいれ……たにちがいない」。ガンサーの作文ではあろうが、まんざら的はずれな言辞だともいいがたい。天皇の脳裏を、そんな考え方がよぎった可能性は、じゅうぶんある。

もういちど、昭和天皇の経歴を想起されたい。裕仁《ひろひと》は、すでに即位をする前から、天皇の職務を代行していた。一九二一（大正十）年の段階で、摂政になっていたのである。理由は、誰もが知っていよう。父親にあたる大正天皇が、脳をわずらっていたからである。

病気があれば、他の皇位継承者が摂政となる。そして、天皇はどこかの御用邸で、静養を余儀なくされてしまう。昭和天皇は、そのことを身をもって体験してきた。誰よりも、骨身にしみて実感しているはずの天皇である。

摂政の可能性については、人一倍敏感だったと考えても、さほど不自然ではないだろう。

「脳力」が「衰え」た……

一九一〇年代の終わりごろからであった。大正天皇の健康状態は、目に見えて悪化しはじめる。動作がおかしく、言葉も明晰さをかくようになってきた。

じっさい、このころから天皇は公式行事を休みだす。たとえば、議会の開院式や閉院式には、臨席をひかえるようになった。外交官をまねいたレセプションなども、出席をことわりだしている。容体が悪くなったので、人前にはでられなくなったのである。

宮内省御用掛の医師・三浦謹之助は、その症状を診断書へ書きとめた。もちろん、一般には公表されない。極秘の診断書である。

さいわい、当時の総理大臣である原敬《はらたかし》が、その全文を日記へ書きうつしていた。今日では、だから『原敬日記』をつうじて、医者の見たてを知ることができる。以下にその一部を紹介しておこう。大正天皇の病状は、こんなふうになっていた。

「一両年前より玉体内分泌臓器の一二官能失調を惹き起したれば御幼少時の脳膜炎の為御故障有之たる御脳に影響し少く御心神の緊張を要する御儀式等に臨御の際は御安静を失わせられ玉体の傾斜を来し御神身の平衡を御保ち遊ばされ難きが如き観あるは誠に恐懼に堪えざる所なり今後十分なる御静養に依り御心身の御故障を排除

し少くとも其増進を阻止せんことを努めざるべからずと奉存候……

大正九年三月二十六日

宮内省御用掛医学博士　三浦謹之助

侍　医　頭　池辺棟三郎

宮内大臣子爵　波多野敬直殿」

おさないころ、脳膜炎をわずらった。そのため、脳のぐあいは悪かったという。それが、内分泌異常によって、ますます悪化してきた。宮内省の医師は、そんなふうに書いている。

だが、この診断書をそのまま公表させるのは、まずい。そう判断した政府は、宮内大臣発表という体裁で、一般にはつぎのように報じている。

「症状は漸次御軽快あらせられたるも、御疲労事に臨んで依然生じ易く、加之御倦怠の折節には御態度に弛緩を来し、御発言に障碍起り御明断を欠く事偶々之あり……」（『原敬日記』一九二〇年七月二十四日）

しだいによくなってはいる。だが、まだまだつかれやすい。以上のような表現にとどまっている。「脳膜炎」うんぬんといった字句はない。この段階では、正直な報道ができなかったのである。

とはいえ、事情はしだいに一般へも、もれていく。原敬も、一九二〇（大正九）年の年末には、こう元老たちに語っていた。

大正天皇

「陛下の御病気の事も段々国民に知らるるものの如く、又事実に於ても離宮に行幸又は伏見宮邸に行幸等あれば、御病気は御肉体にはあらずして御脳に在らるる位は国民も悟る事と思う」（同前　一九二〇年十二月十一日）

いずれは、脳の病気だということも、ばれるだろう。いつまでも、事実をふせてはおけないと、のべている。

もっとも、翌一九二一（大正十）年四月十八日の発表でも、「脳膜炎」はふせられた。あいかわらず、「御身体の御模様は段々御宜敷《よろし》き方に向わせられ」ている、となっている。なかなか、「脳膜炎」の公表にはふみきれなかったということか。

しかし、同年十月四日の発表では、報道内容がかえられた。つぎのように、けっこう思いきったつたえ方になっている。

「陛下は幼少の時脳膜炎様の疾患に罹らせられ、且御成長の時期より御成年後に於ても数々《しばしば》御大患を御経過遊ばされし為め……御政務多端と相成り、内外御軫念《しんねん》遊ばさるる事の多きに随い、御心身御過労の為め御精力幾分衰えさせられ……」

画期的な発表ではあった。原敬もいうように、「従来と異り、御快方に向わせられざる事を記載」させている。きれいごとでかたづけたりは、しなかった。だんだんよくなっているというような表現は、採用されなかったのである。

いったい、なぜそこまでふみこんだ発表がなされたのか。総理の原敬は、こんなことを日記のなかに書いている。

「御大患と誤解せば、今日まで当局は何をなしたるやと云われ、又御快方に向わせらるると云わば摂政の必要を疑われ……」（一九二一年九月十三日）

大正天皇には、もう天皇としての仕事を遂行することが、できない。どうしても、新しい摂政をおく必要がある。一九二〇年代にはいると、このことが政府内でも了解されるようになってきた。

だが、摂政に皇位の代行をさせるには、それなりの口実がいる。天皇は健康だが、摂政をおくというのでは、筋がたたない。摂政をきめる以上、その病状もきちんとつたえなければならなくなる。このころになって、大正天皇は「脳膜炎」だったと発表されだしたのは、そのせいだろう。原敬も、「事実を発表する」だけだと、しるしている（同前）。

一九二一年十一月二十五日には、皇族会議がひらかれた。皇太子・裕仁の摂政就任が、正式にきめられたのはこの会議である。このとき宮内省は、「天皇陛下御容体書」を公表させている。

「天皇陛下には御降誕後三週目を出でざるに脳膜炎様の御疾患に罹らせられ、御幼年時代に重症の百日咳、腸チフス、胸膜炎の御大患を御経過あらせられ、そのために、御心身の発達に於て、幾分後れさせらるる所ありしが……御脳力漸次御衰えさせられ、殊に御発語の御障害あらせらるる為め……」（猪瀬直樹『天皇の影法師』一九八三年）

十月四日のものより、さらにふみこんだ指摘になっている。摂政の任命を国民に納得してもらう。そのためには、大正天皇の病気を、リアルにしるさざるをえなかった。

病状を隠蔽してしまえば、大正天皇にそのまま職務をつづけさせねばならなくなる。つまり、摂政の設置そのものを、否定されてしまう。「脳力」が「衰え」たと、正直に公表せざるを得なかったのは、そのためである。

天皇の脳障害などという話をもちだせば、皇室の権威にキズがつく。そんなことを公表できるわけがない。以上のように考えるむきも、あろうか。しかし、事実は逆である。摂政をおくケースでは、それを公然とあらわさざるをえなかった。当局者が天皇の脳障害をひろく告知することも、じゅうぶんありえたのである。

大正天皇崩御。本葬は1927年2月7日の夜、新宿御苑で執りおこなわれた

そして、裕仁もそのことをよく知っていた。天皇の脳障害告知などなされるはずがないとは、とうてい思えない。場合によってはおおいにありうることを、知悉していたはずである。

まさか、「精神病院かなにかにいれ」られるとまでは、思っていなかったろう。それでは、あまりにも皇室のイメージが、けがされすぎる。そこまでの心配は、すまい。

だが、脳障害だと発表されるかもしれないという可能性ぐらいなら……。そのていどのことなら、脳裏にうかんだこともあったのではないか。すくなくとも、ありえないはずだと安心してはいなかったと思う。

では、裕仁にかわって摂政へ就任する可能性のある皇族は、はたしていただろうか。そして、もしいたとしたら、それは誰なのか。どうやら、天皇家内部の事情を、さぐらなければならなくなってきたようである。

第八章　皇位簒奪というイリュージョン

二・二六事件と秩父宮の流言飛語

一九三六（昭和十一）年二月二十六日のことである。朝から陸軍の歩兵たち千四百人ほどが、政府の施設を占拠しはじめた。陸軍省、参謀本部、国会議事堂、首相官邸などである。さらに、斎藤実《まこと》内大臣、高橋是清《これきよ》蔵相をはじめとする政府要人を、殺害した。

陸軍の、いわゆる皇道派青年将校たちがくわだてた、クーデターである。彼らは、武力にものをいわせて、国家改造を断行しようとした。「二・二六事件」とよばれる騒動である。二月二十六日に勃発したので、そう呼ばれる。

周知のように、この反乱は失敗した。海軍や政財界に支持者がなく、なによりも昭和天皇が反発をしめしたためである。三日後の二十九日になって、すべてをあきらめた将校たちは武装を解除する。首謀者たちは、みなあとで死刑に処せられた。皇道派の関係者たちも、その多くは、処分されるにいたっている。

「二・二六事件」。議事堂をとりまく反乱軍

ともかくも、たいへんな事件ではあった。この四日間は日本中の目が、首都の反乱軍にそそがれたといってよい。とうぜん、さまざまなうわさやデマも、とびかった。

なかでも、重光葵《しげみつまもる》が耳にしたという飛語は、興味をひく。重光は、当時の外務次官だが、こんな評判を聞いたことがあるという。

「吾人は軍人の口から、しばしば、天皇に対する批評を聞き、二・二六反乱の当時においては、若《も》し天皇にして革新に反対されるならば、某宮殿下を擁して、陛下に代うべし。という言説すら聴かされたことを想起せざるを得ない」（『昭和の動乱』一九五二年）

もし、昭和天皇がクーデターに賛成しなかったら。そのときは、別の「某宮殿下」

を天皇にしてしまえ。そんな言葉が、軍人たちのあいだでとびかっていたという。

じじつ、こういう話を聞きかじっていたのは、ひとり重光だけではない。大勢のひとびとが耳にし、また語りあっていた。

「二・二六事件ニ関スル流言蜚語ノ件」という調査がある。当時の憲兵司令部資料におさめられた報告である。憲兵たちは、あちこちでとびかっていたうわさを、記録に書きとめていた。そのなかに、「〇〇殿下ニ関スルモノ」として、つぎのような流言が紹介されている。

「殿下叛乱軍ヲ指揮被遊《あそばされ》アリ
殿下ヲ全国ノ青年将校推戴シ事ヲ挙ゲントス
今回ノ事件ハ殿下ヲ中心トスル錦旗聯盟ト林、渡辺大将等ノブロックトノ争ナリ
殿下ニハ事件前御帰京被遊アリテ事件ノ背後ニ御関係アリ」（松本清張・藤井康栄編『二・二六事件＝研究資料Ⅱ』一九八六年）

いずれも、決起した将校たちと「〇〇殿下」のつながりを、かんぐっている。「〇〇殿下」が、彼らをかげであやつっているという指摘さえ、なされていた。

では、重光のいう「某宮殿下」とは、いったい誰か。憲兵司令部がチェックした「○○○殿下」は、誰のことをさしているのだろう。

いわゆる昭和史好きの読者になら、あらためて説明するまでもあるまい。「某宮殿下」とは、昭和天皇の弟、すなわち秩父宮《ちちぶのみや》のことである。

ここに、『秩父宮雍仁《やすひと》親王』（一九七〇年）という本がある。「秩父宮を偲ぶ会」から刊行された、秩父宮の伝記である。編者の芦沢紀之は、そのなかに「恐るべき流言」という章をもうけ、こう書いた。

「二・二六事件が勃発すると、秩父宮に関する多くの流言が旋風のように吹きまくった。そのはなはだしきものを挙げると、次のとおりである。

『秩父宮が第八師団を率いて上京されることになっている』

『叛乱軍に呼応して、秩父宮が陛下に諌言申し上げるそうだ』

『叛乱軍は、秩父宮と御相談の上で蹶起《けっき》したのだ』

『秩父宮が上京されたので陛下が激怒された』

『秩父宮が陛下にかわって天皇になられるそうだ』

以上の流言は、少なくとも現在五十歳以上の人々は、一つぐらいは耳にした筈である」

この本が出版されたのは、繰り返しになるが、一九七〇（昭和四十五）年である。「現在五十歳以上」は、だから一九二〇（大正九）年より前に生まれたひとびとをさす。二・二六事件当時、十六歳以上になっていたひとびとのことである。一九九五（平成七）年の今日なら、七十五歳以上ということか。

そして、その年齢になったひとなら、秩父宮のうわさを聞いたことがあるはずだという。すなわち、秩父宮は反乱軍とつうじあっていた。あるいは、皇位簒奪《さんだつ》の可能性さえあるといううわさである。

これらの風評は、重光葵や憲兵たちが記録したそれと符合する。「某宮殿下」や、「〇〇〇殿下」は、うたがいもなく秩父宮なのである。

『秩父宮雍仁親王』を編集した芦沢

秩父宮

紀之は、その三年後にも秩父宮の本を出版した。こんどは、二・二六事件とのかかわりに焦点をあてた本である。そのものずばり、『秩父宮と二・二六』（一九七三年）という標題になっている。

前著では、秩父宮に関するうわさを記載するだけに、とどまった。だが、三年後の著作では、もうすこしつっこんだ表現になっている。つぎのように。

「以上の流言蜚語は、少なくとも現在五十五歳以上の人々なら、一つぐらいは耳にし、多少は信じていた人もいたことと思う……一般民衆が、先の流言を信じたとしても、これはやむを得ない」

聞いたことがあるだろうというだけではない。信じていたものもいたはずだという。ばかばかしいヨタ話だとは、けっして思われていなかった。

芦沢は、「秩父宮を偲ぶ会」の事務局長である。同会が刊行させた『秩父宮雍仁親王』の編集を担当したのも、そのためである。ほんらいならば、ふれたくもない話であったろう。じじつ、芦沢はこれらのうわさを、事実無根だとして、しりぞけている。

だが、こういった風評は、そうとう根強くひろまっていた。黙殺しておけばすむような話では、なかったのである。だからこそ、「秩父宮を偲ぶ会」でも、これをわざわざとりあげた。そして、正面から批判する。そうせざるをえないほどに、うわさはひろく蔓延していたのである。

「蹶起の際は一中隊を引率して迎えに来い」

秩父宮が反乱軍に加担している。兄の天皇にとってかわろうとしている。かりに事実無根だとしても、どうしてそんな評判がとびかいだしたのだろう。うわさができあがっていく、その経緯を知りたくなってくる。

二・二六事件の、その五年前に話はさかのぼる。一九三一（昭和六）年十二月一日のことであった。当時、陸軍に所属していた秩父宮は、歩兵第三連隊の第六中隊長へ就任する。

歩兵第三連隊（通称「歩三」）は、二・二六の決起で中核をなした部隊である。そこには、安藤輝三らをはじめとする革新将校たちが、大勢いた。国家の改造に思いをはせる軍人たちが、在籍していたのである。秩父宮も、彼らと親しくつきあうようになっていく。

北一輝の『日本改造法案大綱』も、彼らと読みあったりしていた。そういう交友をつうじて、革新将校たちのあいだに、ある種の期待ができあがる。秩父宮は自分たちの運動に共鳴しているという思いが、ふくらみだす。

二・二六事件を指導した将校のひとりに、中橋基明という陸軍中尉がいた。のちの裁判では、死刑を宣告されている。その中橋に、よく知られたつぎのような獄中遺書がある。

「秩父宮殿下、歩三に居られし当時、国家改造法案を良く御研究になり、改造に関しては良く理解せられ、此度蹶起せる坂井中尉に対しては御殿において、『蹶起の際は一中隊を引率して迎えに来い』と仰せられしなり」（前掲『秩父宮雍仁親王』）

文中の坂井中尉は、坂井直のこと。秩父宮は、安藤輝三とともに目をかけており、よくその自邸へもまねいていた。

その坂井へ、決起のときは自分をむかえにこいと、秩父宮が語っていたという。もちろん、「偲ぶ会」の伝記『秩父宮雍仁親王』は、この話を否定する。そんなことを、秩父宮が言うわけはないというのである。

まあ、じっさいに言っていたかどうかは、わからない。だが、秩父宮は歩三で革新将校たちとつきあううちに、決起への輿望《よぼう》をにないだしていた。国家改造の理解者としてイメージされるようになっていた。「蹶起の際は一中隊を引率して迎えに来い」。こんな発言が伝説化されていったのも、そういう期待のたまものではあったろう。

坂井が聞いたという秩父宮発言については、もうひとつべつの記録がある。新井勲（当時少尉）の回想である。『日本を震撼させた四日間』と題されている。そのなかに、つぎのようなくだりがある。

「坂井はついに、いよいよとなれば直接行動をするつもりですと申上げた。殿下はこの純心な坂井を無下にお叱りにならなかった。

『そんな場合は、やる前に先ずわたしに報告するのだ』

殿下はこう仰有られた。この模様は坂井の口から直ちに、安藤とわたくしとに伝えられた。坂井はこれを以て、殿下は自分達に都合よく動いてくれるものと誤解した」

この本が出版されたのは、一九四九（昭和二十四）年のことであった。二・二六事件の内幕をあらわす著述の、端緒をきりひらいた書物だといえる。なお、新井はこの本を、秩父宮本人へもおくりとどけている。その内容には、自信もあったのだろう。「やる前に先ずわたしに報告するのだ」。否定とも、肯定とも、どちらにもうけとめられる発言である。だが、坂井直はそれを肯定的に解釈した。秩父宮は決起を支持していると、判断した。そして、それを安藤や新井に語っていたのである。

ひょっとしたら、こういう話が彼らのあいだで増幅されていったのかもしれない。秩父宮は、決起に反対しなかった。内心は、賛成しているらしい。支持しているんじゃないか。はやくやれと、けしかけていた……というように。

「蹶起の際は一中隊を引率して迎えに来い」。中橋基明は、秩父宮が坂井にそう語っていたと、信じていた。革新将校たちの期待が、話をふくらませていく。そんな過程でできあがった風説だと、考えたい。

陸軍大将・本庄繁の日記にも、興味をひく一節がある。本庄は、一九三三（昭和八）年四月から、侍従武官長として昭和天皇につかえていた。その天皇から聞かされたのだろうか。「昭和六年の末より同七年の春期に亘る頃の事」として、つぎのような話を書きとめている。

「当時は満州事変勃発に伴い、国内の空気自然殺気を帯び、十月事件の発生を見る等特に軍部青年将校の意気熱調を呈し来れる折柄、或日、秩父宮殿下参内、陛下に御対談遊ばされ、切りに、陛下の御親政の必要を説かれ、要すれば憲法の停止も亦止むを得ずと激せられ、陛下との間に相当激論あらせられし趣なるが……」

明治憲法を停止して、天皇親政にふみきるべきではないかと、昭和天皇につめよった。いかにも、皇道派の革新将校あたりがいいそうな口吻《こうふん》というべきか。それを秩父宮が、昭和天皇に要求していたというのである。

『本庄日記』におさめられたこの記録は、日時や場所がさだかでない。いつ、どこで、誰から聞いたのかが不明である。侍従武官長だから、天皇から直接話を聞く可能性はあったろう。だが、天皇からそう知らされたとは、本庄も書いていない。『秩父宮雍仁親王』も、その点でこの記録の信憑性を、うたがっている。けっきょく、これも、そんな風評があったというだけのことなのかもしれない。

だが、そううわさされていたことは、事実である。「偲ぶ会」の『秩父宮雍仁親王』も、こんなふうに書いている。

「秩父宮が、このころに、今上陛下に天皇親政を言上されたという話は、現在もなお、かつての陸軍軍人の間では一種の定説となっている。これらの人々は、『殿下だからこそ、言上したのであり、できたのだ』と、主張する。彼らも誰からか、何処からか伝え聞いたのであろう。昭和七年ごろから、陛下と秩父宮との間が疎遠云々という噂が流れたのは、このようなところに原因があるのではなかろうか」

秩父宮は、天皇に直接、国家の改造すなわち天皇親政をもとめていた。この話が、その真偽はともかく、陸軍では「定説となってい」たというのである。そして、その「定説」は、敗戦後にも維持された。

それだけの輿望を、秩父宮はになっていたのである。反乱への加担と、皇位簒奪の可能性がささやかれたのは、そのせいでもあったろう。

平泉澄もうろたえた？

二・二六事件がおこったとき、秩父宮は青森の弘前にいた。当時は同地の第八師団に所属していたのである。

革新将校が決起したという情報は、その日の朝から知っていた。東京にいた弟の高松宮から、電話でそのあらましを聞いていたからである。もちろん、第八師団全体へも、事件が勃発したことは、その日のうちにつたわった。

下元師団長は、秩父宮に上京したほうがいいのではないかと、進言する。そして、秩父宮も東京へおもむくことを、決意した。昭和天皇への「御見舞」ということで、深夜の列車にのりこみ弘前をあとにする。東京の上野駅にたどりついたのは、翌二十七日の夕刻である。

秩父宮がたちあがった。反乱に呼応して、上京した。革新将校たちとともに、国家改造へとりくむらしい。以上のようなうわさは、彼の上京によってもふくらまされていったろう。

革新への輿望をになっていた皇族が、決起軍のいる首都へかけつけてきたのである。期待は、いやがうえにももりあがっていっただろう。じっさい、決起にふみきった将校たちも、秩父宮を歓迎するようなアピールをだしていた。「某宮殿下を擁立して、陛下に代うべし、という言説すら」となえだしていたのである。

流言飛語が浮上しやすい情況ではあった。秩父宮当人も、そうしたうわさを聞いていたらしい。秩父宮と親しかった松本徹が、興味深い記録をのこしている。上京してきた秩父宮と、こんなやりとりをかわしたというのである。

「『一般ではどういう事を言っているか』とか『一般ではどういう風に見ているか』等、事細かに痛い所を突込んでの御下問があった。その中で特に殿下が心を痛められたと思われるのは、何と云っても殿下御自身に関するデマであったろうと思われる。この様な時に率直に遠慮なく市井の噂等ありのままを申上げる事こそ、何かの御参考になるものと考えて、当時としては崖から飛び下りる位の覚悟で、思い切って次の様な事迄申上げた』(『雍仁親皇実紀』)――河野司『天皇と二・二六事件』一九八五年)

世間のうわさを、秩父宮じしん気にしていたらしい。その本人へ、松本はこんな風説を紹介した。

「その一つは、私自身が山王ホテル附近の叛乱軍の第一線で、その青年将校の二、三がやっていた街頭演説をきいていたその内容であった。彼等は『秩父宮殿下が御帰京になったので、愈々《いよいよ》我々の頭目として戴き、我々の立場は好転して、昭和維新の成功も近い』という様な演説を堂々とやっている事であった。又、この事件の首謀者というか、黒幕に就いて、巷の噂はどんな事を言っているか、という御下問に対し……稀には『宮様が関係がある』という一部の説まで、包まず申上げた」（同前）

秩父宮擁立を絶叫する青年将校。秩父宮を黒幕ではないかとかんぐる世評。そんな「巷の噂」を耳にした当人は、どんなふうに感じただろう。秩父宮じしんの気持ちをしめす記録は、ざんねんながらいまのところ見あたらない。

さきに、秩父宮が弘前から上野まで、列車でやってきたことを書いた。じつは、東京へむかう車中の秩父宮を、途中でむかえた男がいる。皇国史観で知られた歴史家の平泉澄《きよし》が、そのひとである。

平泉は東京帝国大学の教授であり、秩父宮へ「日本政治史」の講義をほどこしたことがあった。それで、親しみを感じていたせいもあったのだろう。二・二六事件の勃発にショックをうけた平泉は、秩父宮にあおうと思いたつ。そこで、東京の秩父宮邸をおとずれた平泉は、秩父宮が弘前をたったと知らされた。

一刻もはやくでむかえたい。そう考えた平泉は、上野駅から列車にのりこみ北上する。そして、途中の水上駅で、上京中の秩父宮と遭遇した。平泉は秩父宮がのっている車中にのりかえ、車内で彼と話しこむ。

いったい、何を話しあったのか。秩父宮をそそのかすような言葉をはいたのではないか。「このことが後に問題となり、秩父宮も、平泉博士も、ともに各界から大きな疑惑を以て眺められた」ことがある（前掲『秩父宮雍仁親王』）。

もちろん、平泉はこうした疑念を否定する。そそのかすなんてとんでもない。むしろその逆だと、うったえる。平泉の自伝は、水上駅から秩父宮と話しあった内容をこう書いている。

「水上駅にて御召列車に飛移り、車中拝謁の上、此際極めて大切なる事は、皇室の御意志の完全なる統一であって……一乱鎮定までは、終始高松宮殿下と並んで、陛下の御左右に御立ちになり、最高の地位に於いて陛下を御補佐遊ばされますように御願申上げ……」（『悲劇縦走』一九八〇年）

昭和天皇と力をあわせて、皇室の連帯をたもってほしい。そう、秩父宮には語っていたという。

わざわざ、それだけのことを言うために、上野から水上まででむかえる。けっきょく、平泉にも、万が一という不安があったということか。

「暴発した部隊には、先きに秩父宮殿下の配属して居られた麻布の歩兵第三連隊が多く、将校の中には、特に殿下を敬慕している者が少なくないと聞いていました。そこで私は……上野発の列車に乗って御迎えに参り……」(同前)

決起将校たちが秩父宮にシンパシーをいだいている。そのことを、平泉も心配していたのである。その意味で、秩父宮にまつわる流言は、平泉をもまたうごかしていたことになる。秩父宮に投影されていた反逆イメージの強さを、あらためて思い知る。まあ、秩父宮を挑発していたという可能性も、ぜんぜんないわけではないのだが。

秩父宮をとりかこむ警戒陣

弘前の第八師団にいた秩父宮が、師団長に上京をすすめられたことは、すでにのべた。そのことで、秩父宮は東京にいる弟の高松宮へ、電話をかけている。上京することの当否について、相談をもちかけたのである。

どう返事をしたらいいのか。そのことで当惑させられた高松宮は、岩波武信宮内省総務課長に、たずねている。そして、たずねられた岩波は同じことを、内大臣秘書官長の木戸幸一へ質問した。

この問いかけに、木戸はふくみのある回答をしめしている。秩父宮へは、つぎのようにこたえておいてほしいというのである。以下に、木戸が岩波をとおして高松宮に示唆した返答の言辞を、ひいておく。

「御見舞の為に御帰京の思召と云うことであれば、吾々としてそれを御止め申すべき筋合ではありませんが、高松宮は東京の現在の状況は御承知のこと故、可然《しかるべく》御判断を御願いする外ないと存じます」(『木戸幸一日記』一九三六年二月二十六日)

「御見舞」にくるというならば、とめることはできないがと、言っている。くるなとは、さすがにこたえていない。だが、歓迎するという気分がないことは、あきらかである。木戸をはじめとする宮中グループもまた、秩父宮をけむたく思っていたということか。

秩父宮は、二十七日の夕刻、午後四時五十九分に、上野駅へついている。そして、同駅へは近衛歩兵第一連隊の一個小隊が、完全武装でむかえにきていた。秩父宮は、そんな警戒態勢のなかで、いきなり宮中へはこばれる。

東京について、まず自宅へもどったわけではない。そのまえに、宮中へ護送されている。なぜ、そのようなことをさせたのか。この点について、侍従武官長の本庄繁は、こんな感想を日記へ書いている。

「此ハ宮中側近者等ニ於テ、若《も》シ、殿下ニシテ其御殿ニ入ラセラルルガ如キコトアリシ場合、他ニ利用セントスルモノノ出ズルガ如キコトアリテハトノ懸念ニアリシガ如シ」(『本庄日記』二月二十七日)

「御殿」、つまり自邸へもどられては、だれかにかつがれてしまうかもしれない。「宮中側近者等」は、そう心配していたという。だから、まず宮中へ案内したというのである。天皇のとりまきは、それだけ秩父宮と革新将校の関係に、用心していたといえようか。

秩父宮は、宮中で高松宮や昭和天皇と語りあい、夕食をともにした。いちおう、「御見舞」の役目を、つとめたのである。会食がおわって天皇の前をしりぞき、帰路につきかけたときのことであった。木戸幸一が、秩父宮にこんなことをたのみこむ。

「秩父宮の御帰途を擁し、行動軍が御殿に入込むとの計画ありとの情報あり。八時半、殿下に拝謁して右の趣を申上げ、警衛の準備完了迄御帰りを御延を願うこととす」(『木戸幸一日記』二月二十七日)

決起部隊が秩父宮をねらっているという情報がある。警戒態勢がととのうまでは、家にかえらないでいてほしいという注文である。もちろん、秩父宮もこの申し出を、受諾した。宮中をでてからは、まず皇太后の御所へいき、そのあとから自邸にもどっている。午後十一時ごろのことであったという。

その秩父宮邸は、近衛第一連隊の将兵たちによって、周囲をとりかこまれていた。銃剣をそなえた兵が、五メートルおきにたって、家の塀をかこんでいたらしい。たいへんな警戒ではあった。と同時に、秩父宮をそこへとじこめてしまおうとする意図も、感じとれなくはない。

もっとも、秩父宮じしんは、すこしも決起部隊へ同調するような様子を、見せていない。東京へついてからは、終始彼らに冷淡な態度を、しめしていた。翌二十八日には、歩三の森田大尉を電話で、自邸によびだしている。そして、反乱軍の武装解除と、首謀者の自決を示唆していた。

けっきょく、秩父宮は皇道派の青年将校が期待したようには、ふるまわなかったのである。その意味で、彼にまつわる風聞は、大半がデマだったといえるだろう。

とはいえ、ぜんぜんリアリティがないのかというと、かならずしもそうは言いきれない。弘前から上京するときの秩父宮に、決起軍を思う同情心があった可能性はある。せめて彼らの心情ぐらいは、天皇にもくんでもらいたい。東京で天皇に面会すれば、決起軍の誠意をつたえよう。以上のように、当初は考えていたかもしれないのである。

彼がそれを断念したのは、天皇と直接あってからではなかったか。

周知のように、昭和天皇は二・二六の反乱を、徹底的にきらっていた。決起軍の気持ちを理解してほしいという侍従武官長・本庄繁にも、こうこたえている。「此ノ如キ凶暴ノ将校等、其精神ニ於テモ何ノ恕スベキモノアリヤ」(『本庄日記』二月二十七日)と。その精神も、まったくゆるせないというのである。

さらに、本庄へはつぎのようにも、語っていた。「朕自ラ近衛師団ヲ率イ、此ガ鎮定ニ当ラント」(同前)。自分が率先して、反乱軍の鎮圧を指揮しようという。まこととに、決然とした態度ではあった。

秩父宮も、そんな天皇の口吻を耳にして、説得をあきらめる。決起軍へのシンパシーをも、すてさった。彼らを弾圧する側へと、心をいれかえる。だが、それまでは、天皇の気持ちを皇道派よりにちかづけようと、ねがっていた……。

あくまでも、空想である。そんな可能性も、否定はしきれないというていどの臆測でしかない。この点に関するかぎり、秩父宮の内心は不明である。

ここでは、「宮中側近者」が秩父宮を警戒していたという事実の指摘に、とどめておく。

「壬申の乱」への想像力

戦前の一九三〇年代までは、元老とよばれたひとびとがいた。天皇をたすけ、後継首相の決定など、重要な政務にかかわりあう政治家のことをさす。といっても、現役の政治家ではない。政治の第一線をしりぞいた、長老たちのなかからえらばれていた。明治憲法にも規程はない。超法規的な存在である。

西園寺《さいおんじ》公望《きんもち》も、そのうちのひとりであり、最後の元老として知られている。ここでは、その西園寺が秩父宮のことを、どう見ていたかについて語りたい。

さいわい、西園寺の動静については、秘書の原田熊雄《くまお》が克明な日記をつけていた。のちに、『西園寺公と政局』という標題で、刊行されている。昭和の政治史をうかがう、第一級資料である。

一九三一（昭和六）年八月二十日のことであったという。当時の内大臣・牧野伸顕《まきののぶあき》が西園寺をおとずれ、こんな話を耳うちした。

「陸軍の若い連中のどの団体だか知らないけれども、秩父宮が汽車に乗って何処かに行かれる時に、その汽車に陸軍の大佐が入って来て、殿下を担ぎたいということをじかに申上げたという事実がある。殿下は無論御承知にならなかったのだけれども、そのことは既に御存じでしょうか」（一九三一年八月二十七日口述）

二・二六事件がおこった、その五年前の話である。秩父宮擁立の気配が軍の一部にあることは、このころから西園寺の耳にもつたわっていた。そのことでは、心をいためてもいたらしい。同じ年の九月四日には、秘書の原田へこうのべている。「やはり大川周明の一派は、秩父宮に喰入ろうとしてあらゆる術策を弄しているらしい」。

二・二六事件がおわってからも、西園寺と原田は心配しつづける。

一九三七（昭和十二）年には、秩父宮がイギリスへでかけたことがあった。国王の戴冠式に参列するためである。旅立つ前に、秩父宮は原田熊雄をよびだし、時局問題の報告をさせている。その席で、原田はこんな注文をつけていた。

「殿下は非常に大事なお方でおありになるんだから、今後はよほど御自重を願わないと困ります。殊にどこまでも陛下のお力になられる御覚悟でないといけないと存じます……徒《いたず》らに政治に干渉されたり、或はいろんなことをされるのは絶対に宜しくございません……たとえ中佐とか大佐とかいうところに有能な士があって、それと非常に意気投合するような場合でも、それらを相手に大事な話をするということは所謂《いわゆる》不統制を来たす所以《ゆえん》であって、陛下に対する忠誠を欠かれることになります」（三月六日）

どこまでも、ふるまいには気をつけてほしい。若い軍人たちとは、「大事な話」をするなという。ずいぶんうるさいこごとではあった。それだけ原田、そして西園寺は秩父宮のことを、憂慮していたのだろう。

じじつ、西園寺はつぎのような不安を、秘書の原田にもらしていた。

「日本の歴史にも随分忌わしい事実がある。たとえば神武天皇の後を承けられた綏《すい》靖《ぜい》天皇は、実はその御兄君を殺されて、自分が帝位につかれた……まさか今日の皇族にそういう方々が、どうこうということは無論あろう筈がないが、しかしこういうことはよほど今日から注意しておかねばならん」（一九三八年三月十六日―二十七日口述）

兄を殺害して、自分が皇位につく。西園寺は、そんな日本史の「忌わしい事実」を想起した。秩父宮への心配が、そんな歴史を思いおこさせたのだろう。

原田が書いた日記の、ちょうどその部分の欄外に、西園寺はこう加筆した。

「天智　弘文。唐太宗　宋の太宗。近くは三代将軍の駿河大納言」

「天智　弘文」は、七世紀におこった「壬申《じんしん》の乱」の当事者を、さしている。天智天皇の子供である弘文天皇を、天智の弟がせめほろぼし、天武天皇として即位した。一族が血で血をあらう天皇家のそんな歴史を、このとき西園寺はふりかえっている。

「駿河大納言」は、徳川三代将軍・家光の弟、松平忠長をさしている。彼は、父である二代将軍・秀忠の愛情を利用して、自らが将軍職につこうとした。けっきょく、家光にとがめられ、自殺を命じられるにいたっている。やはり、兄弟間のあらそいに関する歴史ではあった。

唐の太宗もまた、兄を殺害したあとで帝位についている。西園寺は中国のそんな「忌わしい」過去をも、連想した。「まさか今日の皇族にそういう方々が……」と、一方では自分にいいきかせている。だが、「よほど……注意しておかねばならん」と、いましめてもいたのである。

同じ不安は、翌四月の二十三日にも、しめされた。西園寺は、朝からやってきた原田に、その心配事をむしかえす。

「まさか陛下の御兄弟にかれこれいうことはあるまいけれども、しかし取巻きの如何によっては、日本の歴史にときどき繰返されたように、弟が兄を殺して帝位につくというような場面が相当に数多く見えている……皇族の中に変な者に担がれて何をしでかすか判らないような分子が出てくる情勢にも、平素から相当に注意して見ていてもらわないと……」（同前四月二十七日口述）

ここでも、「日本の歴史」がふりかえられている。「弟が兄を殺して帝位につく」。

そんなことが「繰返された」ら、どうしよう。なまじ、歴史的な教養があったせいだろう。西園寺は、そのことでますます不安をつのらせていったのである。

歴史家の平泉澄が、上京中の秩父宮を水上駅ででむかえたことは、すでにのべた。さすがに歴史家だけあって、彼もまた西園寺のように、こう考えていたという。

「ただ一つ心配は、万々一皇族の間に御意見の不一致があれば、その間隙に乗じて魔手が謀略を逞《たくまし》くするかも知れないという事であります。之を壬申の乱や保元の乱に見ても、或は南北両統の争に見ても、皇室が二つに割れる事が、最大至重の病根であります」（前掲『悲劇縦走』）

秩父宮を、二・二六の決起軍が本気でかつごうとしていたかどうかは、疑問である。皇道派に、秩父宮擁立の組織だったうごきがあったとも考えにくい。にもかかわらず、うわさは横行した。擁立の無責任なかけ声も、決起部隊からはだされている。

あんがい、兄弟のもめごとに関する歴史的な知識も、一役買っていたのかもしれない。昔は、弟が兄をおいおとしたこともあった。壬申の乱があった、保元の乱があった、南北朝の争いもあった……。そんな歴史の知識があったために、秩父宮への邪推が増幅されていく。弟宮＝反乱幻想といったものが、実体以上にふくらんでいったのではないか。

いや、そもそも、王の兄弟には反逆や逸脱のイメージが、わきやすいのだと思う。王位継承の可能性はある。だが、じっさいには他の兄弟が、王位をひきついでしまった。そんな王位から遠ざけられた王位継承権保持者に、反逆の予感がつきまとう。これは、王権がひきおこす、ある種人類学的な想像力の必然的なパターンではないか。べつに、壬申の乱などに関する歴史的な知識は、なくてもよい。とにかく、王弟は反逆への期待や予感を、いだかれやすい存在であった。そして、秩父宮にはそんな想像力を刺激しかねないような要素が、そなわっている。だからこそ、秩父宮の皇位簒奪というところまで、話がふくらんでいったのだろう。

そういえば、冒頭で紹介した島津ハルたちは、高松宮の即位を霊示した。王弟への幻想は、高松宮にたいしてもおこりえたのである。

その島津ハルも、しかし警察の事情聴取では、こんな言葉をはいている。「二・二六事件……の根本原因は秩父宮擁立運動なり」（『木戸幸一日記』）と。高松宮を支持する彼女も、秩父宮をそういう目でながめていた。やはり、秩父宮こそが、こういうファンタジーの焦点にいたということか。

「日本史の忌まわしい事実」は、天皇の脳裏をもよぎったか？

上京した秩父宮が昭和天皇と語りあったのは、二月二十七日の晩である。その翌日になって、天皇は広幡大夫へこうもらした。

「高松宮が一番御宜《よろ》しい。秩父宮は五・一五事件の時よりは余程お宜しくなられた」（『木戸幸一日記』二月二十八日）

木戸幸一の日記にこの話があるのは、彼が広幡から天皇の言葉を聞いていたからである。伝聞ではあるが、そうふたしかな記録でもないだろう。天皇は、広幡へ「総裁にも伝えよ」と命じていた。ここにいう「総裁」とは、当時、宮内省の宗秩寮《そうちつりょう》総裁を兼任していた木戸のことである。天皇は、はじめから木戸にそうつたえるつもりで、この感想をのべていた。

秩父宮が、五・一五事件のころよりよくなったと、天皇はのべている。逆にいえば、そのころはよくなかったということを、言外に語っている。五・一五事件がおこったのは、一九三二（昭和七）年であった。『本庄日記』が、天皇と秩父宮の激論をつたえているころである。やはり、本庄が書きとめたような言いあらそいは、あったのかもしれない。

いずれにせよ、天皇は一九三六（昭和十一）年の秩父宮に、安心した。すくなくとも『木戸日記』にしるされた範囲では、そうおそれていない。

だが、それとはべつの反応をつたえる記録もある。侍従として天皇につかえていた、岡部長章《ながあきら》の回想録である。

二・二六事件のあとで、人事の刷新があったことは、よく知られていよう。もちろん、宮廷でも、いくつかのポストに新しいひとびとが就任した。岡部も、二・二六の直後に侍従となっている。

侍従武官長は、じゅうらい本庄繁がつとめていた。だが、事件後は本庄が身をひき、そのあとを宇佐見興屋《おきいえ》中将が、おそっている。皇道派に同情的だった本庄が、しりぞけられたということか。

ある日、岡部は天皇が新任の宇佐見と言葉をかわしているところに、遭遇する。ふたりの会話を、「階段の下」で耳にしてしまったというのである。それは、以下のようなやりとりであったらしい。

「宇佐見さんが拝謁している時に、陛下が『壬申の乱のようなことになる』という意味のことを大声で申されたのが聞こえました。秩父宮さまを担ごうとする陸軍の運動があったと仄聞《そくぶん》していたので、それに関連することだなと思いました……おそらく宇佐見武官長は、陛下に対して秩父宮さまの意見もいろいろと聞いてほしいと言ったのではないでしょうか。それで陛下が、壬申の乱というような歴史上の例を持ち出されたのだと思います」（『ある侍従の回想記――激動時代の昭和天皇』一九九〇年）

大地球儀を前にして昭和天皇（左）、当時3歳と秩父宮（右）。兄弟は1904（明治37）年11月まで、麻布の川村純義邸で養育された（明治37年6月、川村邸）

秩父宮から壬申の乱

を、連想する。西園寺公望や平泉澄と同じようなイマジネーションである。昭和天皇の脳裏にもまた、天皇家の内紛をしめす日本史のできごとが、よぎっていた。しかも、二・二六事件が終了したあとになってさえ。やはり、なかなかあなどりがたいおびえがあったというべきか。

もし、戦争に反対したら、自分は殺されたかもしれない。昭和天皇は、その「独白録」で、そう弁明していた。ひょっとしたら、そのときも壬申の乱に思いをはせていたのかもしれない。

開戦に抵抗したら、「精神病院あたりへ」いれられた。べつの天皇がたてられた。昭和天皇がマッカーサーに対して、そんな自己弁護をこころみていたという話がある。前に紹介したジョン・ガンサーのルポなどが、その典型だといえようか。

前にものべたように、そんなことをマッカーサーへ語っていたとは、思えない。だが、当人が内心でそう思っていた可能性は、けっこうある。じっさい、天皇は秩父宮という幻影に、すくなからず不安をいだいていた。西園寺などは、非常にはっきりした心配を、のべている。べつの天皇、あるいは摂政＝秩父宮という構図が、天皇の心中にうかんでいた蓋然性は高い。

「独白録」の弁明に、いくばくかのリアリティがあると、私が考えるゆえんである。

戦後、ある民族派の機関誌に「秩父宮と天皇」という一文が掲載された。秩父宮と親交のあった、元海軍少将・藤森良高が書いた文章である。そのなかで、藤森はこんな声が旧軍人の一部にあったことを、つたえている。

「秩父宮が天皇であったなら、大東亜戦争で国を失うような事は無かったであろうと思われる。万一、事情止むなく、戦争になったとしたら、敗れた時に『自決』されたであろう」(『独立』一九七四年七月号——河野司前掲書)

秩父宮がになっていた人望のあつさが、くみとれよう。昭和天皇が、そんな弟に不安をいだいていたとしても、うなずける。「独白録」を姑息な弁明でかたづけてしまうのは、やはり一面的な議論だと考える。

第九章　ルードヴィヒの王国から

海の向こうの狂える王

大正天皇は、脳病のため在位途中で、事実上の退位を余儀なくされた。皇太子・裕《ひろ》仁《ひと》が摂政となり、天皇の職務を代行したことは前にのべたとおりである。

王が精神疾患におちいったので、摂政をたてなければならなくなる。それは、しかし日本の大正時代だけに、特徴的な現象ではない。王制をしいている国では、しばしばこういったできごとがおこっている。

たとえば、十九世紀初頭のイギリスには、ジョージ三世がいた。三ヵ月も早い早産のせいだろうか。ジョージ三世には、健康上の不安がつねにつきまとっていた。晩年には、次男のスキャンダルによるショックもあって、精神病におちいったのである。けっきょく、王はウィンザーにひきこもる。皇太子のジョージが摂政に就任した。一八一一（文化八）年のことである。以後、王が死ぬまでの九年間は、摂政がイギリス王位を代行した。

同じような事態は、十九世紀中葉のドイツにも発生している。北ドイツのプロイセン王国で、国王の精神病が問題となり、摂政をおいたことがあった。のみならず、このときは王位をめぐる兄弟の対立も、表面化するにいたっている。

当時の国王フリードリヒ・ヴィルヘルム四世は、反動的な王政を遂行した。東エルベ地方の大土地所有者に支持されていたせいも、あったろう。国王は彼らとともに、プロイセン王国の超《ウルトラ》保守派を形成する。

これにたいして、王弟のヴィルヘルムは、開明的なスタンスをとっていた。もちろん、王制という枠の中ででではあるが、自由主義的な言辞もはいている。そのため、王弟のまわりには、西部出身の知識人や官僚たちがあつまった。

その開明ぶりは、しかし王弟の本心ではなかったらしい。兄の国王にたいして、自分の立場を鮮明にアピールする。そのためのポーズとして、自由主義風に見える態度をとっていたのだといわれている。

いずれにせよ、王家の内紛は、政治的な対立にむすびついていた。超保守の国王と、やや開明的な王弟という対抗関係が、できていた。そして、この対立は、一八五〇年代をつうじて維持される。

国王フリードリヒ・ヴィルヘルム四世が、精神疾患におちいったのは、そんなときである。とうぜん、王弟ヴィルヘルムにくみする開明派は、王弟の摂政就任を要求した。王が病気の場合は摂政をおくと、憲法できめられていたからである。

だが、国王をとりまく保守派は、これにおうじない。憲法の規程にはない「代理」という地位へ、王弟をおしつけようとする。国王の健康は、まだまだ回復のみこみがある。摂政などをおく必要はない。「代理」でじゅうぶんだという態度を、しめしたのである。

もちろん、王弟派はこれに反発した。国王派のやりくちは憲法違反だと、やりかえす。ここにいたり、両派の政治的な確執は、一気に政界の表面へうきあがる。国王の発病による摂政問題は、一大トラブルをプロイセンにもたらしたのである。

国王の精神病は、そんなもめごとのさなかに、よりいっそう悪化した。保守派も、ついに摂政の設置をみとめなければならなくなる。こうして、王弟ヴィルヘルムは一八五八（安政五）年に、摂政へ就任した。両派の政治抗争は、保守派の敗北というかたちで、幕をとじることになったのである。

一八六一（文久元）年には、摂政ヴィルヘルムが王位についている。先王フリードリヒ・ヴィルヘルム四世が、病死したためである。

その翌年には、ビスマルクがプロイセンの首相に任命された。やがては、この辣腕家の手によって、ドイツ帝国がつくられていくことになる。そして、かつての王弟ヴィルヘルムは、初代ドイツ皇帝にもなるのである。兄の精神病は、弟の運命をそれだけ変えていったということか。

しかし、どうだろう。事態は、フリードリヒ・ヴィルヘルム四世の病気が明白に悪化したから、そうすすんだ。だが、もし兄王の病状が、それほど進行していかなかったとしたら。重病にはおちいらないままで、小康状態をたもちつづけていたと仮定したら。そのとき、プロイセン王国の政情は、どうなっていただろうか。

国王派と王弟派の対立抗争も、そのまま維持されたにちがいない。プロイセン王国の安定にとって、けっしていい状態にはならなかっただろう。悪くすれば、王制そのものにもヒビがはいっていたかもしれない。

王が病気の場合は、摂政をおく。王制にとってはとうぜんの措置だが、それは重大な危機の可能性をはらんでいる。摂政設置の是非をめぐって、国内に内紛をひきおこす危険性が、あるのである。じじつ、一八五〇年代のプロイセンは、一触即発の状態になっていた。

摂政をもうける場合は、よほど慎重にことをはこばなければならない。その運用をまちがうと、とんでもないことになる。用心深い政治家や官僚なら、とうぜんそう考えるはずである。
そして、日本にもそんな用心深い官僚はいた。たとえば、明治の法制官僚・井上毅《こわし》が、そのうちのひとりにあげられる。

「人民」を皇室からきりはなせ

大日本帝国憲法（通称・明治憲法）は、一八八九（明治二十二）年に発布された。といっても、その年になって、急にまとめあげられたわけではない。憲法をつくることじたいは、一八八一（明治十四）年から既定の方針となっていた。明治憲法は、以後数年間にわたる立案作業をへたうえで、作成されたのである。

法案制定のリーダーシップをになったのは、伊藤博文であった。最終的に憲法の条文をまとめあげたのも、彼である。

もちろん、伊藤をささえるブレーンも、何人かいた。井上毅、金子堅太郎、伊東巳《み》代治《よじ》などである。なかでも、井上毅の存在は大きい。伊藤は、井上からの意見や注文を、かなり参考にしながら、法案をまとめている。憲法制定にまでいたる、陰の立役者ではあった。

その井上が、摂政のことについて、興味深い意見をのべている。一八八五（明治十八）年、もしくはその翌年にしるされた「謹具意見」である。井上はこのなかで、たいへん重大な見解を、伊藤へつきつけた。

いっぱんに、この「意見」は、女帝を否定したものとして知られている。じっさい、ここで井上は、女の皇位継承をみとめるべきでないと論じていた。女系を肯定すれば、王朝交替の可能性がでてくる。それはよくないという議論である。そのせいだろう。この「意見」は、女の立場をないがしろにしていると批判する論者も、しばしばある。

だが、井上がうったえていたのは、女帝の可非問題だけではない。摂政規程についても、注目すべき見解をのべている。井上はこの「意見」で、プロイセン憲法の摂政規程を、徹底的に批判していたのである。

その批判文を紹介する前に、プロイセン憲法の条文をひいておこう。摂政に関する部分は、井上が用いた邦訳文によればこうなっていた。

「第五六条　国王未成年ニ属シ若クハ久シク故障アリテ政ヲ親《みずか》ラスルコト能《あた》ワザレバ、最近ナル支親ノ成年ナル者摂政ノ事ヲ行ウ　此ノ時ハ其ノ人必ズ速ニ両院ヲ徴《ちょう》聚《しゅう》シ、両院合会シテ摂政ヲ設クルノ必要ナルコトヲ宣告セシムベシ

1889年2月11日、皇居正殿で行われた大日本帝国憲法発布式の光景。明治天皇から時の首相・黒田清隆に手渡される（和田香苗制作）

第五七条　若シ成年ノ支親アルコトナク、及ビ法章ヲ以テ予定シタル者ナキトキハ、宰相会ハ必ラズ両院ヲ徴聚シ両院合会シテ一ノ摂政ヲ選バシムベシ」

議会の「両院」が、摂政の設置にたいして決定権をもちうるしくみになっている。こういうプロイセン憲法のとりきめを、井上はつぎのように批判した。

「第一　天子ノ孱弱《せんじゃく》ヲ人民ニ公布シ、王室ノ尊栄ヲ汚スコト

第二　皇室ノ大事ヲ以テ民議多数ノ裁判ニ委ネ、従テ人民ノ勢力ヲ誘動シ、将来皇室ヲ左右スルノ漸《ぜん》ヲ啓《ひら》ク

コト

……故ニ我国ノ憲法ニ於テハ王家ノ事ニ就テハ寧《むし》ロオオラカニ一ツノ大綱ヲ掲グルニ止マリ、其ノ他ノ事ハ之ヲ不文ニ付スル方、然ルベキニ似タリ」（『井上毅伝・史料篇第二』――小嶋和司『明治典憲体制の成立』一九八八年）

摂政をきめるような皇室の大事に、議会などを関与させてはならない。皇室の尊厳にかかわるし、「人民」どもが皇室問題へ口をはさみだす危険もある。井上は、そういってプロイセン憲法の規程を、非難した。日本の憲法へは、とうてい採用できないというのである。

また、皇室にかかわる詳細を、憲法ではふれないほうがいいとものべている。憲法へは、おおざっぱな「大綱」をしめしておけば、それですむ。あまり、おおっぴらにあらわすなというのである。

ここにも、「人民」と皇室をなるべくきりはなそうとする配慮は、読みとれよう。井上は、プロイセン憲法より以上に、天皇の尊厳を力強くえがきたがっていたのである。

では、じっさいの明治憲法は、摂政に関するきまりを、どう書いていたのか。明治憲法が、摂政についてふれたのは、わずかに一ヵ条だけである。その第一七条が、以下のようにしるされた。

「一、摂政ヲ置クハ皇室典範ノ定ムル所ニ依ル　二、摂政ハ天皇ノ名ニ於テ大権ヲ行ウ」

まことに、あっさりした条文である。摂政をおくさいの具体的な手順は、まったくしめされていない。ただ、摂政という制度があることをしるすに、とどまった。くわしいことは、皇室典範に書いておくという。

皇室典範は、天皇家および皇族のきまりごとをしるしたものである。一種の家憲だといってよい。そして、この法規も明治憲法と同時に制定されていた。立案にたずさわったのも、憲法の場合と同じく伊藤博文たちである。

さて、その皇室典範である。そこには、摂政に関するきまりが、七ヵ条にわたってしるされている。第一九条から第二五条までの七ヵ条である。

どういうときに、摂政をおくか。また摂政の設置は、どうやって決定するか。この点については、その第一九条にきめられている。それには、こうある。

「天皇未ダ成年ニ達セザルトキハ摂政ヲ置ク　天皇久キニ亘ルノ故障ニ由リ大政ヲ親《みずか》ラスルコト能ワザルトキハ皇族会議及枢密顧問ノ議ヲ経テ摂政ヲ置ク」

天皇が未成年の場合と、病気等の「故障」があるときは、摂政をおくという。そして、それは皇族会議と枢密顧問会議で決定することになっていた。なお、枢密顧問とは、天皇の最高諮問機関である枢密院の顧問官をさしている。

ようするに、天皇とちかいひとびとだけで、摂政をきめるというのである。議会が決定権をもちうるプロイセンとは、その点でぜんぜんちがっている。明治憲法体制は、より内密裡に摂政問題をとりあつかおうとしていたのである。

憲法では、摂政規程をあいまいなままにとどめておく。議会には関与させず、皇族と側近だけで決定する。これは、数年前に法制官僚の井上毅がとなえていた方向とも、合致する。明治憲法は、井上の方針どおりに、摂政規程を処理しているのである。

プロイセンの内紛が明治憲法におよぼす影

井上の「謹具意見」を、彼の個人的な提案だとみなすのはあたらない。それは、伊藤をはじめとする憲法ブレーンにも、うけいれられていた。彼らの総意をも、あらわしていたのである。摂政規程に関するかぎり、プロイセンを手本にすることはできない。この方針もまた、彼らに共有されていたとみなしうる。

では、なぜそれほどまでに、彼らはプロイセン憲法の摂政規程をきらっていたのだろう。あれではこまる。摂政は、「人民」からきりはなした場所で、きめたほうがいい。この判断は、どうしてもたらされたのか。

それだけ、彼らが君主大権の強さにこだわっていたからではあろう。あと、プロイセンでおこった王家の内紛も、彼らの気持ちをうごかしていたかもしれない。フリードリヒ・ヴィルヘルム四世と王弟ヴィルヘルムの確執。それが、一九世紀中葉のプロイセン政界をゆるがせたことは、さきにものべた。そして、伊藤や井上らも、そんな騒動があったことを、どこかで聞いていたと思う。

プロイセンのような規程を採用すれば、日本でもああいうことがおこりうる。摂政問題を、政界の火種にさせてはいけない。プロイセン流だけは、だからやめておこう。こんな判断が彼らにあった可能性は、否定しきれまい。

一八八二（明治十五）年から翌一八八三（明治十六）年にかけてのことであった。伊藤博文は、憲法学を勉強するために、ドイツとオーストリアへでかけている。伊藤には、数年のあいだで、明治憲法を書きあげねばならないという使命があった。そのために、本場で憲法のなんたるかを、学習しようとしたのである。

当地で伊藤は、第一級の憲法学者たちから講義をうけていた。グナイスト、モッセ、シュタインなどである。さいわい、そのときの講義録が伊藤と同行した伊東巳代治のところに、のこっている。それによると、モッセは伊藤にこんなことを語っていた。

「今上国王ガ往日先君ノ摂政官トナリシ以前ハ、唯ダ代理ノ名義ニテ政務ヲ代掌セリ。蓋《けだ》シ先君病ニ罹リ其全癒ノ期ニ至テ予ジメ料ルベカラザルヲ以テ、暫ク代理ノ任ヲ授ケタルモノト思ワル。一時代理ノ事タル、政治上毫モ障礙《しょうげ》アルベカラズ」（「莫設《モッセ》氏講義筆記　第四編一八八二年五月三十一日」――清水伸『独墺に於ける伊藤博文の憲法取調と日本憲法』一九三九年）

モッセはここで、およそ四半世紀前のことをのべている。現国王ヴィルヘルムは、かつて先王フリードリヒ・ヴィルヘルム四世の「代理」になっていた。摂政の座についたのは、そのあとである。以上のように、王家のことを伊藤へつたえていた。モッセは、両者のあいだで葛藤があったことに、ふれていない。その抗争が政局を左右したことにも、口をつぐんでいる。もちろん、プロイセン憲法は具合が悪いなどということは、いっさいのべていない。議会が摂政の決定に口をはさむことも、「政治上ノ陪審」だと自慢気に語っている。彼は、あくまでもプロイセン憲法を、伊藤らに推賞していたのである。

だが、とにかく国王と王弟に関する歴史的な知識は、日本側へもつたわった。そして、それについての情報を、伊藤や井上らがいますこしくわしくさぐろうとしたら……。とうぜん、両者に抗争があったことも、知りえたはずである。プロイセン憲法はやめておこうという判断にも、つながりえただろう。

ある国の憲法を、自国にも応用していいかどうかを考える。そのときに、当該国の歴史をチェックしたとしても、不思議はあるまい。むしろ、その歴史をまったく考慮しなかったと考えるほうが、不自然だと思う。やはり、プロイセン王国の内紛に関する知識も、日本側の憲法観を左右したと考えたい。

いずれにせよ、明治憲法の摂政規程は、プロイセンのそれとはちがっていた。このことを、かつて伊藤に憲法学の講義をほどこしたグナイストが、ほめている。憲法発布後に伊藤へだした手紙のなかで、彼はつぎのようにのべていた。

「ことに摂政のことにおいて予の考えによれば孛国《プロシア》憲法よりかえって正確に規定せられたりというべし」（一八八九年十一月二十九日――稲田《いなだ》正次《まさつぐ》『明治憲法成立史下巻』一九六二年）

グナイストは、明治憲法に君主の尊厳が強くうたわれていることを、評価した。とりわけ、摂政については、プロイセンの憲法よりいいと賞賛したのである。

グナイストは、全体的に伊藤らのつくった憲法をほめている。だが、プロイセンよりすぐれていると、わざわざ強調して評価したのは、ここだけである。それだけ、摂政規程にこめられた配慮が、きわだっていたということなのだろう。

「バイエルン憲法を典型として作成された憲法」

もういちど、プロイセン憲法の摂政規程をふりかえることにする。とくに、第五六条の前半部分を検討してみたい。どういう場合に摂政をおくかということが、つぎのようにしるされている。

「国王未成年ニ属シ若クハ久シク故障アリテ政ヲ親ラスルコト能ワザレバ、最近ナル支親ノ成年ナル者摂政ノ事ヲ行ウ」

つづいて、日本の皇室典範にしるされた条文も、繰り返しひいておこう。同じことが、その第一九条では、以下のように記載されていた。

「天皇未ダ成年ニ達セザルトキハ摂政ヲ置ク　天皇久キニ亘ルノ故障ニ由リ大政ヲ親ラスルコト能ワザルトキハ……摂政ヲ置ク」

読みくらべれば、一目瞭然であろう。両者はその筆法が、たいへんよくにている。

さきほどは、議会が関与するかどうかという点で、両憲法のちがいを強調した。そして、この点に関するかぎり、ふたつはまったく性格を異にする。

だが、摂政をおくのはどのようなときかという判断については、ほとんどちがいがない。こういうところは、やはりプロイセン憲法を参考にしていたのだろう。そして、議会などをはじめとする「人民」の関与だけは、拒絶したのである。

明治憲法制定史研究の権威である稲田正次も、こう書いている。摂政規程については、「プロイセン憲法をいくらか参酌したと思われる」（前掲『明治憲法成立史　下巻』）と。

もっとも、稲田が注目しているのは、プロイセンだけではない。摂政のきまりは、「バイエルン憲法を多少参酌したと思われる」とも、のべている（同前）。プロイセンとバイエルンの両憲法を、参考にしていたということか。

バイエルンという国は、しかし、もう存在していない。第一次世界大戦の終了（一九一八年）と同時に、解体されている。だが、それまでは国家としての体裁をたもっていた。南ドイツの、ミュンヘンを首都とする王制国家だったのである。

ここに、当時のバイエルン憲法から、摂政設置の条件に関する条文をひいておこう。一八八四（明治十七）年に邦訳がだされているので、そこから引用しておくことにする。第二章第九条には、こうある。

「摂政ハ左ノ場合ニ於テ之ヲ定ム
甲　国王幼冲ノ時

乙　国王故障アリテ曠《ひさしく》時政ヲ親《みずか》ラスル能ワズ而シテ親ラ施政ノ代理ヲ計画セザル時」（ラフェリエール纂輯・曲木《まがき》如長《ゆきなが》重訳『巴威里《バイエルン》憲法』一八八四年）

未成年の場合と、「故障」があるときに摂政をおくという。日本の皇室典範、あるいはプロイセン憲法と同じ内容になっている。たしかに、皇室典範は、プロイセンとバイエルンをまねたのだろう。

だが、バイエルンの場合は、議会が摂政の選定に関与するような規程は、まったくない。「人民」は、摂政をめぐる政治過程から、きりはなされている。「人民」をちかづけるなという井上毅の「謹具意見」と、その意味ではつうじあう。

皇室典範の摂政規程は、プロイセンとバイエルンの憲法を、参考にしていた。稲田正次の憲法史は、そうのべている。たしかに、摂政設置の条件に関する条文は、そのとおりである。だが、議会＝「人民」の関与を肯定するか否定するかという点については、どうだろう。

皇室典範とプロイセン憲法のあいだには、「人民」観に関するズレがあった。だが、バイエルン憲法とは、「人民」をちかづけさせないという点で、共通性がある。皇室典範の摂政規程は、プロイセンよりバイエルンのそれに近いと評せよう。「参酌した」という点では、バイエルン憲法をこそ強調すべきではないか。
さらに、バイエルン憲法からの紹介をつづけたい。この国では、国王のことをつぎのように、位置づけていた。憲法第二章第一条の規程である。

「国王ハ国ノ首長ニシテ主権ニ属スル諸般ノ権利ヲ総攬シ此憲法ニ於テ王ノ親《みずか》ラ定メタル条款ニ循イ之ヲ施行ス
国王ノ身体ハ神聖ニシテ侵ス可カラズ」（同前）

「主権……ヲ総攬」する。「神聖ニシテ侵ス可カラズ」。もう、おわかりだろう。これらの文面もまた、明治憲法のそれとつうじあう。天皇の性格を規程した明治憲法の第三条と第四条は、じっさいつぎのようになっていた。

「第三条　天皇ハ神聖ニシテ侵スベカラズ
第四条　天皇ハ国ノ元首ニシテ統治権ヲ総攬シ此ノ憲法ノ条規ニ依リ之ヲ行ウ」

君主の性格をきめる条文もまた、バイエルンの憲法を手本にしていた。摂政規程だけを、参考にしていたわけではないのである。

かつて、エルウィン・ベルツというドイツ人の医者がいた。明治期の日本にながく滞在して、さまざまな記録を書きとめたことで知られている。そのベルツが、明治憲法のことをこんなふうに評していた。

「伊藤侯により、主としてバイエルン憲法を典型として作成された憲法」（トク・ベルツ編『ベルツの日記(上)』菅沼竜太郎訳　一九七九年改訳版）

明治憲法が全体として、バイエルンのそれによっていたとはいいきれない。稲田正次の憲法史も、その参照径路をこう結論づけている。「結局プロイセンの参照最も多く、バイエルン、ウュルテンベルク各邦とオーストリアこれに次ぎ……」（前掲『明治憲法成立史　下巻』）と。

くわしく調査をすれば、やはりプロイセン憲法をヒントにしている条文が多い。バイエルンからの参照例は、次点であるにとどまる。

にもかかわらず、ベルツは明治憲法のモデルをバイエルンだと感じていた。それだけ、冒頭の天皇に関する条文が、印象的だったのだろう。神聖にして不可侵である。

統治権を総攬する。そんな文言を読まされれば、どうしてもバイエルンを連想してしまったのである。

ヴィッテルスバッハ王家のバイエルン

一八八一―八二（明治十四―十五）年のことであった。憲法作成ブレーンのひとりである井上毅が、注目にあたいする見解をしめしている。「独逸《ドイツ》書籍翻訳意見」と題された提案である。

自由民権運動の高揚があったためだろう。このころには、主権在民の憲法をもとめる声が、よくあった。主権を君民のあいだで分かちあうべきだという説も、しばしばだされている。だが、井上はそのいずれをもしりぞけた。国家の主権は君主にある。民間へ分有させるわけにはいかないと、主張した。

その「意見」で、井上はこんなふうにのべている。

「日耳曼《ゼルマン》学者ハ主権ハ専ラ君主ニ存ストイウ……『バウィエル』ノ国憲ニ　国王ハ国ノ首長タリ国王ハ最上政権ノ各般ノ権利ヲ総攬シ而シテ憲法ニ定ムル所ノ約束ニ従テ其権利ヲ施行ス　又『ウュルタンビュルグ』ノ国憲ニ　国王ハ国ノ首長タリ国

王ハ主権ノ各般ノ権利ヲ総攬シ而シテ国憲ニ定ル所ノ約束ニ依テ之ヲ施行ス　トアル是ナリ」（『井上毅伝　史料篇第一』）

主権は君主にあると、ドイツの学者は言っている。バイエルンでもウェルテンベルクでも、その立場で、君主のことが規程されている。日本もこれでいこう。井上は、以上のように主張した。

このうったえに応じてのことであろう。一八八三（明治十六）年には、ウェルテンベルクの憲法が翻訳されている（曲木如長重訳『瓦敦堡《ウェルテンベルク》憲法』）。さらに、翌一八八四（明治十七）年には、バイエルンのものが訳された。いままでにも何度か引用してきた『巴威里憲法』が、それである。

君主権の強い南ドイツの憲法に、もとづこう。これももちろん、ひとり井上毅だけがいだいていた意見ではない。じっさい、明治憲法では、バイエルンなどの君主規程が参照されていた。なお、ウェルテンベルク憲法をヒントにした君主規程としては、第四条と九条があげられる。

それにしても、どうしてバイエルンだったのだろう。君主権が強いから参考になる。たしかに、井上たちはそんなふうに考えていた。だが、君主権が強すぎるという不安は、なかったのか。

バイエルンやウェルテンベルクに範をとる。井上らがそう考えだしていたころのバイエルン王国は、はたしてどうなっていただろう。誰が王位につき、どんな君主権をふるっていたか。

西洋史にくわしい読者なら、たちどころにある国王の名を思いつかれよう。ヴェルレーヌやアポリネールが詩にうたい、ヴィスコンティが映画にした。森鷗外や久生十蘭が物語り、渋沢龍彦が好奇心をよせつづけた一代の奇人。そう、あのルードヴィヒ二世が、王国を統治していたのである。

バイエルン王国に君臨していたのは、ヴィッテルスバッハ王家のひとびとである。その統治がはじまったのは、十二世紀のおわりごろ。神聖ローマ帝国の皇帝バルバロッサに、バイエルン大公領をあたえられてからである。ドイツでは、歴史の古い由緒ある王家だといえる。

もっとも、近代的な国家の体裁をなしたのは、それほど古くない。ようやく、十九世紀初頭になってからのことである。

当時のヨーロッパを、ナポレオンの軍隊が席巻したことは、よく知られていよう。ナポレオンはドイツにも進駐し、西南ドイツ諸侯領を、ライン連邦として編成させた。バイエルン大公領が王国にかわったのも、この時、一八〇六（文化三）年のことである。明治憲法が手本のひとつにしたバイエルン憲法は、一八一八（文化十五）年に発布された。

明治政府が憲法の制定にのりだすのは、一八八〇年代からである。そして、そのころのバイエルンでは、ルードヴィヒ二世が王位についていた。初代国王マクシミリアン一世からかぞえれば、四代目の国王ということになる。

ルードヴィヒが生まれたのは、一八四五（弘化二）年である。おさないころから、ロマンティックではあったらしい。古いドイツの騎士物語、聖杯伝説などを、はやくから愛読していたという。とりわけ、白鳥の騎士・ローエングリーンの物語には、心をうばわれていた。

当時の音楽家ワーグナーが、ゲルマンの伝説をオペラにしていたことは、有名である。もちろん、ローエングリーンの物語も、このころには上演させていた。バイエルンの首都ミュンヘンでも、何度か舞台にかけている。

その評判は、王子ルードヴィヒの耳にもとどいていた。ローエングリーンびいきの王子としては、オペラのことも気になったのだろう。さっそく、ワーグナーの台本や著作などを、とりよせさせている。

じっさいに、オペラ鑑賞ができたのは、一八六一（文久元）年になってからである。この年の二月に、王子はワーグナーの『ローエングリーン』を、直接あじわった。ミュンヘン王立国民宮廷劇場での観劇である。ルードウィヒ、十五歳のときであった。

たいへんな感動をおぼえたらしい。以後王子は、ワーグナーへのめりこむようになっていく。

翌一八六二（文久二）年には、『タンホイザー』を舞台で観た。やはり、圧倒的な感動があったという。ワーグナーへの傾斜は、このあたりから決定的なものになっていく。できれば、偉大な芸術家ワーグナーを保護するパトロンになりたいと、ねがいだす。日本が寺田屋騒動、生麦事件などで、幕末の混乱をむかえていたころのことである。

ルードヴィヒ二世にとってのワーグナー

一八六四（元治元）年には、父王マクシミリアン二世が病死した。新しい国王には、ワーグナーにとりつかれていた十八歳の王子が、即位する。バイエルン王国国王ルードヴィヒ二世として。

新国王は、さっそくワーグナーの捜索を開始する。宮中秘書官を、そのための調査にあたらせた。そして、シュトゥットガルトに逗留していた音楽家を発見する。偉大な芸術家は、多額の借金が返済できずに、債権者からにげまわっていたのである。

バイエルンの国王が、後援の希望をもっている。借金苦になやむワーグナーは、国王の代理人がつたえたこの申し出をよろこんだ。ルードヴィヒ二世へは、その日のうちに感謝の言葉を、書きおくっている。

ミュンヘンへまねかれたワーグナーは、たちまち国王の援助によって、債務を清算する。さらに、多額の年金もうけとるようになった。のみならず、シュタンベルク湖の湖畔へ、邸宅をあたえられてもいる。まさに、ねがったりかなったりの環境ではあった。

当初は、心の底から感謝をしてもいただろう。だが、偉大な芸術家はしだいに慢心し、態度も横柄になっていく。国王にも、悪びれずに金品を要求しはじめる。そして、贅沢なくらしぶりを周囲へ見せつけるようになってきた。

とうぜん、バイエルン王国の重臣たちは、ワーグナーをきらいだす。また、ワーグナーにいれあげる国王への風あたりも、強くなる。

はじめのうちは、彼らもさして気にとめていなかったらしい。祖父のルードヴィヒ一世がおちいった女ぐるいにくらべれば、品のいい道楽だ。音楽に熱中しているあいだは、政治にうるさく口をはさむこともないので、たすかる。そのていどに、考えていたという。

だが、ワーグナー熱が度をすぎていると判断されてからは、周囲の見る目もちがってきた。バイエルン王国政府内には、しだいにワーグナー排斥の気運がおこりだす。ルードヴィヒ二世をいさめる廷臣も、でてくるようになっていく。

ワーグナーは、彼らを罷免するよう国王に要求した。そして、廷臣たちはワーグナー追放の決断を、国王にもとめだす。ルードヴィヒ二世は、こうして板ばさみ的な状態においこまれる。

けっきょく、彼はワーグナーの放逐に同意する。ワーグナーをおいださないのなら、内閣を総辞職させてしまう。内閣議長のそんな恫喝に、根負けしてしまったのである。

もっとも、ワーグナーへの個人的な援助は、その後もやめなかった。ルードヴィヒ二世は、最後までワーグナーの才能に、敬意をはらっていたのである。

彼が、あの長大な楽劇を創作しつづけられたのも、国王のあとおしがあったからだろう。『ニーベルングの指環』四部作ができたのも、ルードヴィヒ二世のおかげである。バイエルン国王とのであいがなければ、おそらく作曲へとりかかることも、なかったろう。もちろん、バイロイトに祝祭歌劇場をたてられたことも、同様である。ワーグナーの芸術を、ルードヴィヒ二世の存在ぬきで語ることはできない。一国の国王から支援されるという、とほうもないパトロネージがあった。だからこそ、あれだけの創作が可能になったのである。その点ばかりを強調するのはゆきすぎだが、けっして無視しえないポイントだと思う。

さて、そのワーグナーも、一八八三（明治十六）年には、病死した。心臓病のせいである。知らせを聞いたルードヴィヒ二世のおちこみようは、たいへんなものだったらしい。ホーエンシュヴァンガウの城にひとりでひきこもり、喪に服していたという。

この同じ年の夏に、伊藤博文らは留学先のドイツから日本へもどっている。ワーグナーの病死は二月だから、まだそのころは帰国前である。ドイツにいて、その死を聞いていたかもしれない。

そして、彼らははやくからバイエルンの憲法に、注目していた。とうぜん、バイエルン王国の国情にも、興味をよせていただろう。ワーグナーにいれあげるルードヴィヒ二世の評判も、聞いたことはあったと思う。

なにしろ、プロイセンとオーストリアに一年以上も、滞在していたのである。すぐちかくのバイエルン事情が、まったく耳にとどかなかったとは、考えにくい。伊藤らが、バイエルン憲法を参考にしながら明治憲法をつくったことは、すでにのべた。とくに、君主規程や摂政規程などを、大きく参照したことも、既述のとおりである。そう、伊藤らはルードヴィヒのような君主がいる国の憲法を、手本にした。彼らは、ほんとうにそんな国の憲法がモデルになると、考えていたのだろうか。

いや、ワーグナーにいれあげるだけなら、まだいい。あとでくわしくのべるが、ルードヴィヒ二世には、もうひとつのとんでもない道楽があった。バイエルン王国の国家財政を、破綻させかねない道楽である。君主権の強いこの国では、国王のこういう情熱に歯どめをかけることが、できにくかった。

にもかかわらず、伊藤らはバイエルンを憲法の準拠国として位置づける。いったいこのことを、どのように考えればいいのだろう。

第十章　ノイシュバンシュタインの物語

音楽から建築へ

ドイツには、ロマンティック街道とよばれる観光ルートがある。ドイツ観光のパンフレット類には、たいていこのコースが紹介されている。おとずれる日本人も多い。日本語の案内表示などを現地で見かけることも、よくある。

ロマンティック街道は、ドイツの中世都市をつないだ道である。北のヴュルツブルクを始点にして、だんだん南下するコースが設定されている。そのとちゅうで、ドイツの古都をたのしませようという趣向である。ローテンブルクやネルトリンゲンなどが、なかでも高い人気をほこっている。

その終点は、ミュンヘン郊外のノイシュバンシュタイン城。シュヴァンガウの岩山にそびえたつ、まことにロマンティックな城である。中世ロマネスク様式を、ピクチュアレスクにアレンジさせたデザインだと、いえようか。

おとぎ話の絵本などに、よくでてきそうな城郭である。そんな見てくれのメルヘン風が、買われたのだろう。ディズニーランドの城も、ここをモデルにしてたてられた。

一見、中世風にうつる城だが、しかし、建設されたのは新しい。一九世紀後半の建築である。古い中世の様式を、近代になってから意図的に再現させた設計だった。

これをたてさせたのは、バイエルン王国の国王・ルードヴィヒ二世である。設計は、宮廷付の建築家エドワルド・リーデルが、担当した。中世ゲルマン風にという国王の注文で、こういうデザインになったのだといわれている。

ノイシュバンシュタイン城（須永朝彦『ルートヴィヒⅡ世』新書館より）

ルードヴィヒ二世が、ワーグナーにいれあげていたことは、前にものべた。その熱狂ぶりは、この城からもうかがえる。

とりわけ、屋内各室の壁面をいろどる絵画類に、ワーグナーからの感化はいちじるしい。そこには、ワーグナーのオペラに題材をとった絵が、ならべられているのである。

たとえば、居間には「ローエングリーン」がえがかれた。書斎は「タンホイザー」、寝室は「トリスタンとイゾルデ」というぐあいになっている。ほかにも、「パルシファル」、「ニュルンベルグのマイスタージンガー」などがある。

ワーグナーは、ゲルマンの古伝説を、オペラや楽劇によみがえらせようとしていた。ルードヴィヒ二世も、その夢をワーグナーとともにわかちあう。そして、ついにはそのための城をも、建設させたのである。

ワーグナーの芸術にふさわしい舞台を、この世につくりたい。ランスロットやパルシファル、そして円卓の騎士たちがいたころの世界を、再現する。ノイシュバンシュタインは、そんな国王の夢がこめられた城なのである。

この城には、望楼や塔、そして銃眼などがしつらえられている。いずれも、中世の攻城戦を背景にして成立した、築城上の工夫である。一九世紀後半の戦争に役立つものでは、まったくない。当時の戦争からすれば、まるで無意味な造形である。アナクロニズムの極致とでもいうべきか。だがルードヴィヒ二世は、そのアナクロニズムに自分の夢をたくしていたのである。

ノイシュバンシュタイン城の工事がはじまったのは、一八六九（明治二）年であった。以後、この城は二十年ちかくの歳月をかけて、たてられていく。

ルードウィヒ二世が、建設を思いたったのは、着工の二年前だといわれている。その年、一八六七（慶応三）年に、彼はワルトブルグの街をおとずれた。そして同市の街並みから、中世ゲルマン趣味を、強く刺激されたのだという。自分の領邦に、中世風の城郭をつくろうと思いたったのも、それからのことらしい。

その着想には、さらにワーグナーの追放も、いくぶんかはあずかっていただろう。その前に紹介したように、浪費家のワーグナーには、宮廷内の強い反発があった。そのため、一八六五（慶応元）年の年末には、ミュンヘンからおいたてられている。

つまり、国王はひいきの芸術家と、わかれさせられたのである。とうぜん、さみしく思ったろう。国王が築城という道楽にふみこんだのも、そのせいではないか。

じじつ、ノイシュバンシュタイン城は、ワーグナー的世界観を、色濃く反映させている。自分がうしなった音楽を、建築でとりもどしたい。ルードヴィヒ二世の心中には、そんな思いもあったのではないか。この城にただようワーグナー臭を見ていると、どうしてもそう考えたくなってくる。

いずれにせよ、バイエルン王国政府にしてみれば、やっかいな問題であった。ワーグナーというひとりの音楽家に、国王がいれあげているだけなら、まだいい。世論の反発はあろうが、金銭的な出費はたかがしれている。それが、王国の国家財政をゆるがすというようなことは、ないだろう。

だが、築城となると話はちがってくる。城づくりにそそぎこまれる経費を、軽く見つもるわけにはいかない。すくなくとも、一音楽家にしはらわれるパトロン料よりは、はるかに大きくなる。場合によっては、国の財政をも左右しかねないのである。

しかも、ルードヴィヒ二世が着手しはじめた工事は、これだけではなかった。ノイシュバンシュタイン以外にも、二つの宮殿を建設しだしている。一八六〇年代後半からの国王は、建築への情熱を一気にたぎらせていく。政府の立場からすれば、とんでもない普請道楽へと傾斜しはじめたのである。

フランス絶対王政のまがいもの

ルードヴィヒ二世は、ワルトブルグの街並みから、中世熱に火をつけられていた。さきにものべたように、一八六七（慶応三）年のことである。

その同じ年に、フランスのパリでは万国博覧会が、ひらかれていた。日本側からも、三者が出品をこころみたことで知られている。すなわち、徳川幕府と佐賀藩、さらに薩摩藩の三者である。そしてパリでは、薩摩藩が独立国であるかのようにふるまい、幕府に対抗した。幕末の対立が、そのまま海外へももちこまれていたのである。ルードヴィヒ二世も、この博覧会へでかけている。そして、けっこうエキゾチシズムをくすぐられていた。これがひきがねとなって、ミュンヘンの王宮へも大温室をたてている。そして、のちにはそこへインド風やアラビア風の小パビリオンも、建築させたりした。

もっとも、ルードヴィヒ二世がフランスで目をつけたものは、それだけにとどまらない。ついでにたちよったヴェルサイユ宮殿でも、大きな感銘をうけている。有名な鏡の間がある大宮殿のみならず、ロココ調のトリアノン宮にも感心した。

一八七〇年代には、その両宮殿を模した建築を、バイエルン領内にたてさせだしている。すなわち、トリアノン宮をまねてリンダーホフ宮を、建設しはじめた。さらに、ヴェルサイユ宮の本館を手本にして、ヘレンキームゼー宮をつくりだしている。

リンダーホフは、一八七〇（明治三）年に設計が完了した。そして、一八七九（明治十二）年には、一応の完成にこぎつけている。小規模な宮殿だったせいだろう。比較的短い工期で、竣工させることができている。

だが、ヘレンキームゼーになると、そうもいかない。なにしろ、規模的には、ヴェルサイユ宮の本館を上まわる宮殿なのである。じっさい、鏡の間や閲兵の間は、ヘレンキームゼーのほうが大きい。とほうもない大工事ではあった。建設費も、ノイシュバンシュタインとリンダーホフの合計より、高くついている。

ヘレンキームゼーでは、その調度品もブルボン王朝風に、しつらえられていた。ルードヴィヒ二世じしん、ここでルイ十四世風の仮装をたのしんでもいたという。フランス絶対王政の、そのまがいものを演出して、悦に入っていたということか。

なお、ヘレンキームゼーの工事がはじまったのは、一八七八（明治十一）年からである。そして、これもノイシュバンシュタインと同じく、国王の生前には完成されなかった。

ところで、どうしてルードヴィヒ二世は、このような宮殿をたてさせたのだろう。なぜ、フランス＝ブルボン王朝盛期の模造品が、ほしかったのか。

おそらく、そこにはドイツ統一戦争の帰趨が、影をおとしている。

ドイツ帝国が、中部ヨーロッパに出現したのは、一八七一（明治四）年のことである。初代のドイツ皇帝へは、プロイセンの国王ヴィルヘルムが、即位した。ヴェルサイユ宮殿・鏡の間で、その戴冠式がおこなわれたことは、よく知られていよう。

プロイセンは、その五年前にオーストリアを、普墺戦争でうちやぶった。そして、一八七〇（明治三）年からの、普仏戦争でもフランスを圧倒する。ここにいたり、中部ヨーロッパでは、プロイセン王国の優位が確立した。

そのいきおいにのって、同国はドイツの諸邦を統一する。ドイツ帝国という、ひとつの統一体にまとめあげたのである。それまでは独立国としてあつかわれていた中欧の諸国も、この帝国に編入されていく。

南ドイツのバイエルンやヴェルテンベルグなども、それに抵抗することはできなかった。軍事力で圧倒的な優位をもつプロイセンには、はむかえなかったのである。その結果、ルードウィヒ二世も、ドイツ皇帝＝プロイセン国王の臣下にされてしまう。名門ヴィッテルスバッハ家が、ホーエンツォレルン家の軍門に下ったのである。

もちろん、バイエルン側もそうかんたんに、ドイツ帝国への参加を了承したわけではない。可能なかぎり、自らの独立性をたもつべく、プロイセン側との交渉をこころみた。最終的には、郵便や電信などの面で、独自の留保権を勝ちとっている。ヴィッテルスバッハ家も、領邦君主としての体面は、かろうじてたもたれた。

だが、バイエルン王国に君臨する国王としての立場が弱まったことは、いなめない。当のルードヴィヒ二世も、そのことでは屈辱を感じていたという。

ちょうど、このころからであった。ルードヴィヒ二世が、ヴェルサイユの複製じみた宮殿を、領内にたてだしたのは。ルイ王朝風をよそおい、絶対王政のまねごとを演出する。そんなふうになりだしたのは、君主としての尊厳にダメージをうけてからなのである。

もはや、一人前の国王とはいいがたい。プロイセン＝ホーエンツォレルン家の臣下になってしまった。そんな絶望をあじわった君主が、フィクションの世界で絶対王政をもとめていく。傷つけられた君主のプライドを、建築などに仮託して、回復しようとした。ヘレンキームゼーなどの宮殿は、そうした心理がいとなませたものではなかったか。

ルードヴィヒ二世は、しかしまだいい。普請道楽に我をわすれることで、心の痛手も場合によってはいやされよう。

だが、バイエルン政府にとっては、どうか。とても、ルードヴィヒ二世の感傷には、同調しきれまい。君主のとんでもないふるまいと、建築費の捻出には、頭をいためていただろう。

ルードヴィヒ二世は、毎年四、五百万マルクの年金をうけとっていたという。だが、普請道楽のおかげで、王室財政はとほうもない赤字をかかえていた。一八八五（明治十八）年には、二千万マルクをこえる累積赤字があったという。たいへんな財政状況におちいっていたのである。

にもかかわらず、ルードヴィヒ二世は、まだまだ新しい建築の構想をもっていた。ドイツ・ゴシック風のファルケンシュタイン城をたてたい。中国風の宮殿も、あらたに営造してみよう。王家と国家の財政状況にはおかまいなく、そんなプランをいだいていた。

建築経費の借金を、ヨーロッパ中の王族に申しこんでもいたという。さらに、各国の銀行へも、資金の調達をたのみこんでいたらしい。だが、バイエルンの財政破綻を知るひとびとは、ルードヴィヒ二世の無心を拒絶した。一八八〇年代のバイエルンは、そんなどうしようもない危機を、むかえていたのである。

伊藤博文と君主権

前にもふれたが、もういちど繰り返そう。伊藤博文らが、ドイツへ留学したのは一八八二（明治十五）年のことである。そして、翌年に日本へかえるまで、一年半ほどを同地ですごしていた。ちょうど、バイエルンが国王の道楽で、国家的な財政危機に瀕していたころである。

そう、伊藤らはルードヴィヒ二世のわがままを、目のあたりにしていた。そして、それゆえの財政悪化も、見聞きできるところにいたのである。

それなのに、とあえて書く。伊藤らは、明治憲法の君主規程へ、バイエルンの規程をとりいれた。君主権の強いバイエルンの憲法を参考にしながら、日本の憲法をつくったのである。いったい、これはどういうことなのか。なぜ、伊藤らはこんな君主がいる国の憲法を、ねがいさげようとはしなかったのだろう。

君主権が強ければ、君主に歯どめをかけにくい。君主がわがままにふるまっても、それをおしとどめるのは困難である。ルードヴィヒ二世は、その明白な実例にほかならない。にもかかわらず、明治憲法の君主規程は、バイエルン憲法を採用した。

天皇が暴走しだしたら、どうするつもりだったのだろう。それこそ、あちこちに城や宮殿をたてだしたら、対処にこまるのではないか。いったい、そんなときの用心を、伊藤たちはどう考えていたのだろう。

一八八八（明治二十一）年、五月から七月にかけてのことである。伊藤博文は、官界の重鎮たちをあつめて、枢密院の審議会を開催した。自分たちがつくりあげた憲法草案を、そこで検討してもらう。さらには、彼らの了承をとりつけ、翌年の憲法発布にもちこもうとしたのである。

その枢密院審議で、伊藤は憲法の基本精神を、つぎのようにうたいあげていた。

「我国に在て機軸とすべきは独り皇室あるのみ、是を以て此憲法草案に於ては専ら意を此点に用い、君権を尊重して成るべく之を束縛せざらんことを勉めり」（『枢密院会議議事録』第一巻　一九八五年）

君主権を尊重する。君主権を束縛するようなことは、なるべくしたくない。この基本精神で、翌年の憲法発布にのぞみたいが、それでよろしいか。伊藤は、なみいるお歴々の前で、そう語っていた。

この言葉だけを聞けば、伊藤は君主主義に立脚していたんだなと思えてくる。だが、じっさいには、そうでもない。これを額面どおりにうけとるのは、まちがっている。伊藤は、君主権にさまざまな制約をかけたいと、本音では考えていた。それは、その後にくりひろげられた枢密院のやりとりを見ていけば、よくわかる。

枢密院の審議では、伊藤の憲法草案にたいして、さまざまな意見が提出された。そして、その大半は、まだまだ君主権が弱すぎると注文をつけている。もっと、天皇の立場を強く位置づけねばならないという意見に、なっていた。

たとえば、憲法第四条をめぐるやりとりを、紹介しておこう。天皇を国の元首とさだめ、統治権を総攬する主体としてえがいた条規である。伊藤の草案は、それを「憲法の条規に依り之を施行す」と、しるしていた。

憲法のきまりによって、天皇が統治権を総攬するんだって。それじゃあ、まるで天皇の統治権が、憲法によってあたえられたみたいじゃないか。そんなのは、こまる。天皇の統治権は、至尊固有のきまりである。憲法ごときに付与されたものじゃあない。ぜひとも、「憲法の条規に依り……」という部分を、削除してほしいものだ。

司法大臣の山田顕義《あきよし》は、そう伊藤につっかかった。天皇大権の尊厳を、より強化させたいという意見である。

だが、伊藤はそれをしりぞけた。山田へは、こんなふうに応じている。そもそも、憲法の制定とは、君主大権を明記し「其《そ》の幾部分を制限する」ことだ。憲法によって政治をおこなう以上、「君主権を制限」するのは、あたりまえである、と。

なるべく、君主権を束縛したくない。伊藤は、そんな基本理念を表現していた。だが、無際限にその権限をひろげようと、考えていたわけではない。立憲政治になる以上、憲法による君主権の制約は不可欠だという立場に、たっていた。

そのことは、議会や内閣の位置づけをめぐる応酬を読めば、いっそうはっきりする。伊藤の草案では、議会が法案議決権や予算審議権をもつことに、なっていた。だが、枢密院の審議では、天皇を最終的な議決権者にしようという声が、もちあがる。

議会より、君主の尊厳を重視したいという論である。

また、伊藤は内閣総理大臣を、行政の責任者として位置づけていた。天皇の君主権は、内閣の輔弼《ほひつ》によって制限されるというシステムである。そして、これにたいしても、君主権を束縛するものだという反論が、おこっている。

しかし、伊藤はこれらの反対意見をしりぞけた。あるときには、その発言を禁止するという強硬手段に、うったえてもいる。とにかく、君主権を自分の草案以上に強化することは、ぜったいにみとめなかった。とりわけ、天皇を政治上の決定者にしたがる意見には、身をはって抵抗したのである。

もちろん、伊藤も君主大権の重要性は、認識していたろう。まだまだ不安定な明治国家を統御する。そのためには、君主の権威が必要になる。その尊厳を力強くあらわして、国家に求心力をつけさせねばならない。そう考えていたことは、まちがいないだろう。

だからこそ、君主権の強い南ドイツの憲法を、君主規程で参照した。バイエルンのような国の規程も、とりいれていたのである。

だが、天皇がほんとうに強大な君主としてふるまうようになるのは、まずい。行財政の政治過程に介入されるのも、こまる。伊藤はそう考え、君主権へ制限をくわえることにも腐心する。枢密院でも、君主権の強化をねがう周囲の反対をおしきって、その方針をつらぬいた。

表面的な印象では、強大な天皇大権というイメージをかもしだす。だが、その一方で、具体的な権限に関しては、君主権にさまざまな枷《かせ》をはめていく。伊藤は、そんな構想にもとづいて、明治憲法を立案した。

じじつ、この憲法には、君主権をせばめる工夫が、めだたぬようにほどこされている。君主規程では、天皇大権の尊厳を、うたいあげているにもかかわらず。そこに、伊藤らの本音と建前があったというべきか。

君主権の暴走をふせぐためのてだてとは?

では、どうして君主権を制限することに、伊藤はそれほどこだわったのだろう。なぜ、天皇が強大な権限をもつことを、あれだけいやがったのか。

天皇を政治の争点に関与させるのはまずい。そんな政治家としての判断から、君主権の制約に執着したのではないか。また、天皇は玉《ぎょく》、あやつり人形でしかないという思いも、あったかもしれない。主権在民や君民共治をとなえる民権派との妥協も、考えていた可能性はある。

よく言われるそういった説明のほかに、私はもうひとつべつの解釈を、くわえたい。

伊藤らは、君主規程のいくつかを、バイエルン王国の憲法からとりいれていた。ルードヴィヒ二世が王室財政を破綻させている。そんな国の憲法を、手本のひとつにえらんでいたのである。

ルードヴィヒ二世が築城道楽にあけくれているころ、伊藤博文はドイツにいた。バイエルン政府をこまらせていたこの国王のことも、知っていただろう。そして、それを知りぬいたうえで、バイエルン憲法を参照した。

君主権の制限に伊藤がこだわったのも、ひとつにはそのためではないか。日本の天皇が、ルードヴィヒ二世のようになったらこまる。それだけは、どうしても阻止しておかねばならない。

万が一、天皇がルードヴィヒ二世のように、ふるまおうとしたら……。そういう事態をさけるためにも、あらかじめ歯どめをかけておく必要がある。伊藤には、そんな用心の気持ちも、あったのではないか。

もういちど、枢密院の審議をふりかえってみよう。伊藤はそのなかで、つぎのようにも言っていた。

「君権甚《はなは》だ強大なるときは濫用の虞《おそれ》なきにあらずと云うも……若《も》し果して之あるときは、宰相其責に任ずべし、或は其他濫用を防ぐの道なきにあらず」

君主権を強くしておくと、それが度をすぎて濫用されるおそれがある。君主がわがままにふるまいだす危険性も、ないわけではない。そういう場合は、内閣総理大臣が責任をもって対処するべきだろう。天皇を内閣が輔弼《ほひつ》するという憲法の原則にしたがって、伊藤はそうのべている。

そして、さらに「濫用を防ぐの道なきにあらず」とも、言いそえていた。万が一のときにも、しかるべき手段がないわけではない。天皇の暴走をくいとめるてだてはあるというのである。では、それはいったいどのような「道」なのだろう。伊藤は、どうやって君主権の濫用をふせごうと考えていたのか。

シュタルンベルク湖のルードヴィヒ

話を、枢密院審議がおこなわれた二年前、一八八六（明治十九）年にもどしたい。この年、南ドイツのバイエルン王国では、とんでもない事件が発生した。

年があけたころからだったという。バイエルンの重臣たちは、国王の退位を本気で検討しはじめた。このままルードヴィヒ二世に君臨しつづけられれば、国家そのものが瓦解する。どうあっても、現国王には王座からしりぞいてもらわねばならない。宰相ルッツを中心に、彼らはそんな謀議をめぐらしだす。

では、どうすれば国王を合法的にやめさせることができるのか。ルッツらは、けっきょく精神病という名目を、思いつく。「国王故障アル」ときは摂政をおくというきまりが、バイエルンの憲法にはあった。その規程にのっとり、ルードヴィヒ二世を狂人にしたてようとしたのである。

さいわい、かわりの摂政にも適任者はいた。先王マクシミリアン二世の弟・ルイトポルト公である。ルッツたちは、ルードヴィヒ二世の叔父でもあるこの人物に、目をつけた。

当初、ルイトポルト公は、ためらっていたという。だが、内閣の説得をうけた彼は、摂政への就任を了承した。ルードヴィヒ二世の国務を、ルイトポルト公が代行する。その段どりが、ここにととのったのである。

あとは、ルードヴィヒ二世の狂気さえ立証できれば、万事うまくいく。そのための鑑定医には、ミュンヘン大学のベルンハルト・グッデンが、えらばれた。内閣は、この高名な精神科医に、狂気の認定という役目をおしつけたのである。

グッデンにしてみれば、複雑な思いもしただろう。だが、けっきょくバイエルン王国政府からの依頼を、ひきうけた。あるいは、ことわりきれなかったということか。

グッデンは、以前にルードヴィヒ二世をみたことが、あったらしい。だが、精神鑑定の依頼をうけてから鑑定書を書くまでのあいだには、一度もあわなかった。そう、ミュンヘン大学の精神科医は、本人と面会せずに鑑定を下したのである。しかも、なおるみこみのないパラノイア（精神錯乱）だ、と。

鑑定の資料としては、政府の作成した報告書を利用したという。あと、以前国王につかえていたものたちから、事情聴取をこころみては、いたらしい。

だが、そんなもので、きちんとした精神鑑定が、できるのだろうか。やはり、本人と面談をして、しかるべき判断を下すのが鑑定の常道であろう。にもかかわらず、グッデンはそれをしなかった。あるいは、できなかった。そして、政府がのぞむように、狂人だという鑑定書を書いたのである。あからさまに政治的な鑑定だというほかない。

もちろん、グッデンの見たてが結果的に正しかったという可能性は、ありうる。だが、本人を診断せずに鑑定をくだすというてつづきには、やはり問題がある。医学的な鑑定がなされたとは、いいがたい。政治的と、あえていいきるゆえんである。

一八八六（明治十九）年六月八日のことである。バイエルン王国政府は、国王を狂人だときめつけた鑑定書を、正式にうけとった。さっそく、翌日にはルードヴィヒ二世にそのことをつげるべく、委員を派遣させている。

当時、ルードヴィヒ二世はノイシュバンシュタイン城に、滞在していた。政府からの通告には、城へとじこもってこれを拒絶したりもしている。だが、六月十二日の早朝には、けっきょく政府の要求をうけいれた。この日、王をむかえにきたグッデンにもいざなわれ、城をあとにしている。ルイトポルト公が摂政となり、自分がしりぞくことを承知したのである。

なお、グッデンが鑑定にとりくんでから国王にあったのは、これが最初であった。

ルードヴィヒ二世（G. Schachinger 1887年：須永朝彦『ルートヴィヒII世』新書館より）

ノイシュバンシュタイン城をしりぞいた国王は、ベルク城に新居をあてがわれている。シュタルンベルク湖の湖畔にある、ミュンヘンからもちかい城である。ルードヴィヒの部屋には、鉄格子がはめられ、のぞき穴もあけられていたという。さらに、精神科医のグッデンも、ルードヴィヒのそばにいて、その挙動を見まもっていた。事実上の精神病院に、幽閉されたということか。

六月十三日の夕刻になって、国王はその日二度目の散歩にでかけている。もちろん、医者のグッデンも同行した。

その二人が、夜になってもなかなかかえらない。空は雨模様になっていく。心配したベルク城の面々は、たまらず二人をさがしにでかけだす。夜十一時をすこしすぎたころのことであったという。捜索にでかけたひとびとは、シュタルンベルク湖の湖岸近くに二人の水死体を発見した。ルードヴィヒとグッデンは、湖に死体となってうかんでいたのである。

ルードヴィヒは自殺をこころみたが、グッデンにそれをはばまれた。そこで国王がグッデンを殺害し、そのあとで自ら命をたったのだと、よく言われる。それが、いまのところ定説になっている。

もちろん、異論もある。バイエルン政府のはなった暗殺者によって、殺害されたのではないか。以上のように推測するむきも、一部にはある。

真相は、しかしわからない。今となっては、永遠の謎としかいいようがないだろう。

精神医学のポリティクス

いずれにせよ、バイエルン王国政府は、国王の引退と摂政の設置に成功した。その経緯は、当時の政治家たちに、精神鑑定の効用を思い知らせたことだろう。精神鑑定をうまくつかえば、国王を交替させることができる。政府が王位を左右することも、可能になる。君主権を濫用しやすい君主を処分する、そのための便法にも、じゅうぶんなりうるだろう。あるいは、最後の手段とでもいうべきか。

バイエルンは君主権の強い国である。そんなところでも、この手をつかえば国王の暴走がとめられる。王制をしいている他の国々でも、そのことはあらためて認識されたことだろう。

じつは、ちょうどこの二年後なのである。伊藤博文が枢密院で、君主権の「濫用を防ぐの道なきにあらず」と、言ったのは。どうだろう。そう言いきった伊藤の脳裏に、はたしてルードヴィヒ二世の精神鑑定はなかったか。

君主権濫用の君主を、政治的な精神鑑定で皇位からしりぞける。そして、かわりの摂政を設置する。そんな見取図が、どこかにうかんでいた可能性はないのだろうか。明治憲法・皇室典範の摂政規程を、もういちど思いおこされたい。ぐうぜんではあろうが、それはバイエルン憲法の摂政規程をとりいれていたのである。

伊藤じしんが、「濫用を防ぐの道」として、バイエルンの事件に言及した記録はない。つまり、伊藤がそれを意識していたという証拠は、ないのである。だが、前後の事情にかんがみれば、どこかで伊藤の脳裏をよぎっていた可能性は高い。推測ではあるが、その蓋然性を考え、あえてここにしるしておく。

前に、相馬事件の話を述べた。一八八〇年代の首都をさわがせた、相馬家の財産あらそいをめぐる騒動である。

相馬家には、しかるべき家督の相続者がいた。だが、その家長が精神をおかされたので、戸主としてのあつかいを停止されてしまう。かわって、義理の弟にその財産をつがせようとするはこびに、なっていく。

これが、義弟の母と家令によるお家のっとりのたくらみではないかと、うたがわれた。家長の狂気は、でっちあげにちがいない。狂人にしたてて廃戸主へおいこみ、財産を自分たちで横領する。その陰謀が相馬家にはあると、とりざたされた事件である。

その真相をしらべるべく、この事件では当主の精神鑑定が、おこなわれた。ほんとうに、くるっているのか。それとも狂気は、捏造か。それを、精神医学という科学で、解明しようとしたのである。日本で最初に実施された司法精神鑑定だと、いわれている。

日本には、旧幕府時代から「主君おしこめ」とよばれる慣行があった。主君のふるまいが、目にあまる。家臣や親族たちの意向とは、あまりにかけはなれた態度をしめす。そんなときは、家臣や親族らの合意にもとづいて、主君を幽閉することが、ままあった。たとえば、「殿御乱心」という口実で。

西洋の近代医学が導入されてからは、しかしそうもいかなくなる。じゅうらいのやりかたは、つうじない。親族らの合意だけでは、「乱心」ゆえの「おしこめ」を正当化することが、できなくなる。当人に精神鑑定をうけさせて、狂気を科学的に認定してもらう。そのてつづきをへなければ、「おしこめ」られなくなってきた。

一八八〇年代の相馬事件は、そのうつりかわりを、あざやかにしめしている。親族の合意より、精神鑑定の医学的な判断のほうが、重視されていく。時代が医学に傾斜していく趨勢を物語る、まことに象徴的な事件ではあった。

だが、その相馬家騒動と同じころに、ルードヴィヒ二世の鑑定はおこなわれている。そして、この鑑定では、政治のほうが科学に優先した。医学が国是の都合でねじまげられたのである。

しかも、ドイツのミュンヘン大学において。西洋医学のその本場でも、医学が政治にふみにじられることはあったのである。

たしかに、近代化の過程において、医学の立場は強まった。だが、国是のからむ状況においては、政治にしたがわざるをえないこともある。ルードヴィヒ二世の鑑定は、医学の本場でしめされた、その代表例だといえるだろう。

政治家たちも、近代化とともに医学の判断を尊重するようには、なっていく。だが、ぎりぎりの極限的な政治状況になれば、どうだろう。やはり、政治的な決定に医学を追認させるべく、横車をおすのではないか。

「独白録」とルードヴィヒ二世をむすぶ赤い糸

この本では、その前半で、不敬漢を狂人にしたてあげる事例を紹介した。皇室にはむかう分子を、医学的な判断とは関係なく、精神病者にしてしまう。そんなフレーム・アップの例は、ごく近年まであったのである。

狂人のレッテルを、はられてしまう。その可能性をもっているのは、しかし反・皇室分子だけではないだろう。君主の側にだって、ありえないことではない。じじつ、ルードヴィヒ二世は、そんなあつかいをうけていた。

さて、昭和天皇である。

ルードヴィヒ二世が死んだその六十年後、一九四六（昭和二十一）年のことであった。天皇はその側近たちとともに、「独白録」とよばれる記録をつくっている。そして、そのなかで、戦争がとめられなかった理由を、こうのべた。戦争に反対すれば、「国内は必ず大内乱となり……私の生命も保証出来ない」と。

反戦的にふるまえば、「精神病院かなにかにいれ」られた。天皇がそうマッカーサーへ弁明したと書いたのは、ジョン・ガンサーである。この指摘そのものは、はなはだうさんくさい。しかし、昭和天皇がそういう不安をいだいていた可能性は、おおいにある。

国是にそむけば、精神病者としてあつかわれる。あるいは殺害されてしまう。変わって別の天皇、あるいは摂政が設置されることになるかもしれない。

君主権の強い明治憲法下の天皇でも、そんな心配がよぎることはあったろう。正気であれば、だいじょうぶ。精神異常者としてあつかわれるおそれは、ぜったいにない。そう心から安心できていたとは、思えないのである。

もし、自分の身に関する不安が、天皇にあったとしたら。文化論的な背景としては、「主君おしこめ」の伝統が、考えうるだろう。そして、狂気の捏造については、ルードヴィヒ二世の処置があげられる……。

明治憲法の制定過程に、バイエルン王国の国王幽閉事件が影をおとしていたとすれば。君主権の濫用をおさえる手段のひとつとして、あのできごとが勘案されていたとしたら。昭和天皇の危惧も、その淵源は、ルードヴィヒ二世の末路へゆきつくことになる。

もちろん、天皇がバイエルンの国王を意識していたと、いいたいわけではない。だが、六十年前の事件は、深いところで「独白録」と呼応しあっている。天皇家の昭和史とノイシュバンシュタイン城の裏面史には、通底しあうところがある。両者は、時代と国境をこえて、赤い糸でむすばれていると考えたい。

空想的なファンタジーにすぎようか。ともあれ、この本もいよいよこれが最後である。フィナーレにめんじて、私なりのロマンを大目に見ていただければとねがっている。

ステッキ銃のルーツをさぐる

余談だが、ミュンヘン大学は、その後も精神医学の中心地でありつづけた。グッデンのあとをひきついだのは、高名なクレペリンである。日本からも、おおぜいの留学生が、この大学にたちよった。たとえば、呉秀三や内村祐之《ゆうし》らが、その例にあげられる。

呉秀三が、難波大助の鑑定書を書いたことは、以前にのべた。摂政時代の昭和天皇・裕仁《ひろひと》を、ステッキ銃で狙撃した犯人の鑑定である。

当局者は、犯人を狂人にしたてたいという意志を、かなり露骨にしめしていた。だが、呉はそういう横やりを、うけつけない。犯人の大助は、まったく正常である。そう書ききって、医学の立場を堅持した。これも、すでにのべたとおりである。

その呉は、グッデンから見れば孫弟子にあたる。ルードヴィヒ二世の鑑定で、心ならずも政治と妥協したグッデン。難波大助の鑑定で、政治には屈さなかった孫弟子の呉秀三。あざやかな対比だと思うので、ここにあえてしるしておく。

余談ついでにもうひとつ、因縁話を紹介しておきたい。

難波大助は、ステッキ銃で摂政・裕仁を銃撃した。山口県の実家においてあった銃を、勝手にもちだし、それで暗殺をこころみたのである。では、どうしてそんな銃が難波家にあったのか。

大助の父・作之進は、それを妻の従兄である林文太郎からゆずりうけていたという。そして、林は韓国統監府在職時代に、初代統監・伊藤博文から、もらっていた。伊藤は、ヨーロッパへでかけたおりに、ロンドンでこのステッキ銃を購入したらしい。それが、まわりまわって、難波大助の手にわたる。そして、そこから、のちの昭和天皇を狙撃する銃弾がはなたれたというのである。

この点については、ふたつの証言がある。まずは、経済学者・河上肇《はじめ》のそれから。河上は、大助の遠縁にあたり、当時の事情につうじていた。その河上が、こう書いている。

「当時彼(註・大助)の父は衆議院議員に選出されていた。故伊藤博文公と古くから近い関係のあった家で……家の什器《じゅうき》の一つに往年同公が英京ロンドンで手に入れたというピストル仕掛けのステッキがあった……大助は猟を始めたいからと称して、その使用を父に請うた……そのピストル銃を持って山にはいり、長い間射撃の練習をした。そして漸《ようや》く自信を得たので、今度は東京の情勢や地理などを研究するために、暫く東京に出ていた」(「随筆『断片』」一九四三年——『自叙伝・五』)

林文太郎と縁戚関係のある林要も、同じことを書いている。

「それは伊藤博文がかつて護身用にロンドンで求めたものである……博文がロンドンで求めたステッキ銃を林文太郎がもらい、それが難波家の倉庫にあったのだろう」(『おのれ・あの人・この人』一九七〇年)

もっとも、裁判関係の記録には、そのことがしるされていないらしい。だから、伊藤博文のステッキ銃だという話も、「訛伝《かでん》であろうか」と言われることがある(原敬吾『難波大助の生と死』一九七三年)。

だが、伊藤博文の声望に配慮して、その部分を記録から隠蔽した可能性もなくはない。岩田礼の『天皇暗殺』(一九八〇年)はそういう立場をとっている。岩田は、取材をつうじて、大助の縁戚筋からも伊藤博文説の証言を聞いていた。河上や林の回想だけから、事態を判断していたわけではない。だから、自信をもって、隠蔽の可能性を揚言することができたのだろう。私も、岩田の見解にならいたい。

なお、林文太郎のでた林家は、伊藤博文にとっての本家でもある。そして、文太郎の父は、難波大助の母方にあたる国光家へ養子にいっていた。文太郎も、その国光家をついでいる。どうやら、伊藤博文は難波大助と、遠い縁戚関係にあったらしい。

それにしても、伊藤のもとめた銃が、裕仁の狙撃につかわれるとは……。君主権の「濫用を防ぐの道」はある。そう枢密院で公言しつつ、ルードヴィヒ二世の末路を思っていたかもしれない伊藤博文。その伊藤から、ステッキ銃はテロリストの手へわたっていた。

歴史の皮肉に、あらためて考えこまされるしだいである。

原本あとがき

そもそも、精神異常とは何なのか。狂気と正気を本質的に区別する指標は、どこにあるのだろう。

私は、この本を書きながら、よくそのことを考えた。自問自答をすることが、しばしばあった。読者のなかにも、これを読んで、同じように思索をめぐらされたかたは、おられよう。

古くて新しい問題である。精神医学と反精神医学の対立も、けっきょくはこの点を問いつづけてきたといってよい。私にも、これを自分なりに論じてみたいという誘惑は、あった。

しかし、じっさいには、それを断念するにいたっている。私は、精神医学に関するかぎり、まったくのしろうとである。狂気の本質について、専門家をうならせるような新しい認識が、呈示できるとは思えない。そんな私が、この問題にとりくめば、どうなるか。けっきょく、今までの常套的な議論をくりかえすだけに、とどまろう。

へたをすれば、そういう凡庸さの隠蔽をこころみたりするかもしれない。おおげさな言いまわしや空疎な文飾を、ふりかざして。体裁をつくろいたがるしろうとが、よくやるように。そんなパターンにだけは、おちいりたくない。いろいろまよいはしたが、最終的にはそう考えた。狂気への考察をあきらめたゆえんである。

では、私はこの本で、何にいちばんこだわったのか。ありていにいえば、歴史へのノンフィクション的な興味である。本を書きおわった今でも、たとえばつぎのような疑問には、執着がのこっている。

島津ハルは、いったい何日ぐらい入院したのだろう。

津田三蔵の精神状態は、じっさいのところどうだったのか。

伊藤博文は、はたしてルードヴィヒ二世のことを、どんなふうに考えていたのだろう。

とまあ、以上のような問題が、あいかわらず頭のどこかにひっかかっている。これにくらべれば、狂気の本質をつきつめたいという意欲は、ややおとる。けっきょく、私は思弁的な興味より、考証的な関心のほうが強い人間なのだと思う。

近代日本の天皇制。精神医学の歴史。どちらも、先行研究はたくさんある。とりわけ、前者に関しては膨大な蓄積がある。もちろん、私もいくつかの仕事を、参照させていただいた。

本文中に引用した文献類でも、私自身が発掘したものは、そんなに多くない。たいていの資料は、すでに誰かが先に紹介してしまっている。私の本は、セコハンのデータをかきあつめた、やや概説的なしあがりとなった。

正直言って、このことははずかしい。

私は、資料収集のオリジナリティを、これまでひそかにほこってきた。『霊柩車……』でも『美人……』でも、それをささやかな自負にしてきたつもりである。だが、今回の本では、そういうわけにもいかないだろう。繰り返すが、くやしいし、また忸怩たる思いもする。

とりえがあるとすれば、話のくみあわせだろう。虎ノ門事件、田中正造直訴事件、明治憲法制定史……。いずれも、たくさんの先行研究がある。だが、それらをひとつのコンセプトでつないだ仕事には、前例がない。そこへ、精神鑑定のポリティクスという、ある種の補助線がひけたこと。この点は、自分なりの新味だと思っている。

もとより、アマチュアのふたしかな筋立てではある。精神医学史の研究者に、批判をいただければ、これにすぎる望みはない。

さて、私は、もともと建築の歴史を専門にして、自分の研究をすすめてきた。今でも、建築史の研究者だと、自分では思っている。

とうぜん、普請道楽をきわめたバイエルンの国王には、以前から関心をいだいていた。ルードヴィヒ二世の末路についても、ひとなみ以上の好奇心をもっていたと思う。

松本清張の『昭和史発掘』で、島津ハルのことを知ってから、そのふたつがつながった。何か、赤い糸があるんじゃないかと思いだしたのは、それからである。そして、ねずまさしの『天皇と昭和史』が、この着想を決定的にした。

じっさい、ねずの著作には、大きい恩恵をうけている。発想のヒントのみならず、データ面でも参考にさせてもらったところは、少なくない。本文中にはふれられなかったので、とくにここでしるしておく。

後半の「主君おしこめ」については、笠谷和比古の『主君「押込」の構造』からおそわった。私と同じ職場にいることもあり、日頃の会話からも大きな刺激をうけたしだいである。このテーマをめぐって、『思想』誌上で、たがいに語りあったこともあった（一九九〇年十一月号）。もっとも、笠谷さんが私の本に納得するかどうかは、知らないが。

それは、フーコーのテーマね、と上野千鶴子さんに言われたことがある。

だが、私はフーコーの本を、読んだことがない。むろん、そのあらましを、ひとから聞いておそわった記憶はある。そういう耳学問が、私に影響をあたえている可能性は、否定しきれない。しかし、感化があったとしても、まあ、そのていどのものだと思う。

フーコーを読んで、勉強をしようかと考えた時期もあった。だが、私には文章のとっつきが悪く、なかなかなじめない。けっきょくは読まずぎらいで、ほったらかしのままになっている。

かりに読んだとしても、私にきちんと了解できるかどうか。はなはだ、心もとなく思う。そんな読解力で、フーコーによればなどと書きだせば、どうなるか。たちまち、お前のフーコー理解はまちがっているというような話になるだろう。そういうばかばかしいところで、あげ足をとられたいとは思わない。読む気がおこらない、もうひとつの理由である。

本をまとめる前に、雑誌の『宝島30』で連載をさせていただくことができた（一九九四年四月号、五月号、八月～十二月号、一九九五年一月～三月号）。自分の考え方をまとめるには、いい機会だったと思う。宝島社の秋山洋也さんからは、いろいろ助言もいただいた。この場をかりて、ひとことお礼をのべさせてもらいたい。

紀伊國屋書店で編集を担当していただいたのは、水野寛さんである。水野さんに、著述の約束をしてから、もう何年くらいになるだろう。とちゅうで、テーマを変更したりして、けっこうめいわくをかけたのではないかと思う。そういえば、いっしょにふたりで取材へでかけたりしたこともあった。ようやく、発刊にまでこぎつけたことを、水野さんとともどもよろこびたい。

井上章一

一九九五年四月七日

学術文庫版へのあとがき

ちょっとした自慢話をここに書きとめたい。

一九九四（平成六）年のことである。私はこの本でまとめたことを、『宝島』という雑誌で連載しはじめた。これが、当時の京都府警に、見とがめられたのである。

この年には、天皇と皇后が、私のつとめ先である国際日本文化研究センターをおとずれている。そして、警衛警備をまかされた府警は、同センターの下しらべもおこなった。たとえば、研究者たちの書いたものも、事前に読んだのである。

そのなかで、『宝島』の文章が、ひっかかったらしい。とりわけ、難波大助をとりあげた号（本書の第二章）が、あやぶまれた。天皇を銃でうった犯人を、井上は大きくとりあげている。とくに非難もせず、むしろ英雄的に論じていた。この井上なる人物は、ほんとうにだいじょうぶなのか。なにかしでかしたら、たいへんこまるのだがというように。

当時の所長であった梅原猛氏のところへ、それで問いあわせがあったという。井上は、「赤《アカ》じゃあないのか」、と。

職場の廊下で梅原所長とであったおりに、そうつげられた。府警から、君の思想についてたずねられたよ、と。

ほんとうに、赤《アカ》かどうかを聞いてきたのですかと、私は思わずたずねかえしている。かつて共産主義者を弾圧した時の符牒が、いまだにつかわれているのか。赤狩り、レッドパージの精神は、二十世紀末の今日にも、生きている。そのことにおどろき、またたしかめたくも思ったからである。

だが、当局はじっさいに、「赤」という言葉をつかっていたらしい。そして、梅原所長は、府警の担当者にこうこたえていたという。

「井上君が赤？　いや、そんなことはないでしょう。彼はむしろピンクじゃあないかな」

警察には、ピンクとこたえておいたよ、アハハハハ……。そう、たのしげにわらわれたことを、おぼえている。

この「ピンク」には、わけがある。私は、一九九一（平成三）年に、『美人論』という本を書いている。それがすこし話題をよび、私は少壮の面喰い学者として、やや評判になった。梅原所長にも、女好きのこまったやつだと、みなされていたのである。「赤《アカ》」かという質問に、すぐ「ピンク」だとおうじたのも、そのせいだろう。

井上君に、「赤」などといえるような思想はないよ。あいつは、ただの助平だ。梅原所長は、そんな想いをこめて、私のことを「ピンク」だとつげていた。だが、京都府警は、またちがったうけとりかたをしたかもしれない。たしかに、井上は左翼的な傾向をもっている。だが、具体的な行動へおよぶような覇気はない。頭のなかだけで左がかっている非力な「赤」、つまり「ピンク」である、と。

警察は、ピンクという返事で納得していたよ。でも、誤解はされたかもしれないね。女好きという意味でそう言ったんだけど、淡い「赤」というふうにうけとめられたかな。

梅原所長は、そうも言いながら、にこにこしていた。わずらわしい所長業務のなかでであえた、ちょっとほほえましい逸話だったということか。

私も、当局が思想調査へおよんでいたことを、なじろうとは思わない。赤狩りの精神がのこっているらしいことも、まあ見すごそう。天皇の警備ということになれば、それだけ彼らは神経質になる。それは、この本で私がくりひろげた話を、あかしだてるうごきでもあるからだ。

それに、当局から「赤」かもしれないとにらまれたことで、私はすこしうっとりした。反逆者の美名をあたえられたようで、鼻を高くもしている。警察には、感謝をしたいくらいである。まあ、じっさいには、過分にすぎるほめ言葉でしかないのだが。

さて、この本は、第一章で島津ハルの事件をあつかっている。そのなかで、私はこう論じた。

ハルは、精神病でもないのに、病気だというレッテルをはられている。当局側は、ハルが法廷へでて、訴訟ざたになることをいやがった。事件を闇から闇へほうむりたくて、精神病者にしたてあげている。じじつ、ハルにはその後も、入院しなかった可能性がある。そのまま自宅で、ふつうにくらしていたという話も耳にした、と。

このくだりは、あいまいだとする指摘を、私はいくつかちょうだいした。たしかに、あいまいである。しかし、これには理由もある。

私はさるたしかな筋から、事件後のハルが入院しなかったことを、おそわっていた。自宅でいつもとかわらないようにすごしつづけていたことの、確認をとっている。皇族の女性たちとつきあいつづけていたことも。

ただ、私にそうつたえてくれた当事者は、名前の公表をいやがった。情報源はふせることを条件にして、そのことを知らせてくれたのである。はぐらかしたような書きっぷりにとどまったのは、そのせいである。

今も、これをあきらかにするつもりはない。私には、彼（彼女）が、ことをひめておきたがる、やむをえない事情もよくわかる。データとしてのねうちはおちるが、今回の文庫化にあたっても、そのままにしておいた。

ほかのところでも、基本的には旧著をいじっていない。今は統合失調症をよぶ病気のことも、精神分裂症でとおしている。叙述の混乱をさけたかったからである。ただ、いくらかのミスは、あらためた。

ところで、ジョバンニ・ミラバッシの『アヴァンティ！』（スケッチスタジオ　二〇〇一年）というアルバムを、ごぞんじだろうか。日本では、澤野工房から売りにだされている。ジャズ・ピアノのソロ演奏で構成されたCDである。

ここには、革命歌や反戦歌、そして人民の歌が、ジャズのアレンジでおさめられている。これを、夜中にひとりできいていると、なぜか心がやすらぐ。書斎の安全地帯から反体制運動へ想いをはせる。そんなプチブル気分が、満喫できるからか。

アームチェア・レフトを自認する人々には、おすすめしておきたい一枚である。

二〇〇七年十二月九日

井上章一

KODANSHA

本書の原本は、一九九五年、紀伊國屋書店より刊行されました。

井上章一（いのうえ　しょういち）

1955年京都府生まれ。京都大学大学院修士課程修了。現在，国際日本文化研究センター勤務。風俗史，意匠論専攻。1986年度サントリー学芸賞，1999年度芸術選奨文部大臣賞を受賞。著書に『霊柩車の誕生』『戦時下日本の建築家』『美人論』『美人の時代』『法隆寺への精神史』『関西人の正体』『グロテスク・ジャパン』『南蛮幻想——ユリシーズ伝説と安土城』『キリスト教と日本人』，学術文庫に『つくられた桂離宮神話』などがある。

講談社学術文庫

定価はカバーに表示してあります。

狂《きよう》気《き》と王権《おうけん》

井上章一《いのうえしよういち》

2008年２月10日　第１刷発行
2022年５月13日　第２刷発行

発行者　鈴木章一
発行所　株式会社講談社
東京都文京区音羽 2-12-21 〒112-8001
電話　編集（03）5395-3512
販売（03）5395-4415
業務（03）5395-3615
装　幀　蟹江征治
印　刷　株式会社ＫＰＳプロダクツ
製　本　株式会社国宝社
本文データ制作　講談社デジタル製作

ISBN978-4-06-159860-7

「講談社学術文庫」の刊行に当たって

これは、学術をポケットに入れることをモットーとして生まれた文庫である。学術は少年の心を養い、成年の心を満たす。その学術がポケットにはいる形で、万人のものになることは、生涯教育をうたう現代の理想である。

こうした考え方は、学術を巨大な城のように見る世間の常識に反するかもしれない。また、一部の人たちからは、学術の権威をおとすものと非難されるかもしれない。しかし、それはいずれも学術の新しい在り方を解しないものといわざるをえない。

学術は、まず魔術への挑戦から始まった。やがて、いわゆる常識をつぎつぎに改めていった。学術の権威は、幾百年、幾千年にわたる、苦しい戦いの成果である。こうしてきずきあげられた城が、一見して近づきがたいものにうつるのは、そのためである。しかし、学術の権威を、その形の上だけで判断してはならない。その生成のあとをかえりみれば、その根は常に人々の生活の中にあった。学術が大きな力たりうるのはそのためであって、生活をはなれた学術は、どこにもない。

開かれた社会といわれる現代にとって、これはまったく自明である。生活と学術との間に、もし距離があるとすれば、何をおいてもこれを埋めねばならない。もしこの距離が形の上の迷信からきているとすれば、その迷信をうち破らねばならぬ。

学術文庫は、内外の迷信を打破し、学術のために新しい天地をひらく意図をもって生まれた。文庫という小さい形と、学術という壮大な城とが、完全に両立するためには、なおいくらかの時を必要とするであろう。しかし、学術をポケットにした社会が、人間の生活にとってより豊かな社会であることは、たしかである。そうした社会の実現のために、文庫の世界に新しいジャンルを加えることができれば幸いである。

一九七六年六月

野間省一

日本の歴史・地理

宇治谷《うじたに》　孟《つとむ》訳

日本書紀（上）（下）全現代語訳

厖大な量と難解さの故に、これまで全訳が見送られてきた日本書紀。二十年の歳月を傾けた訳者の努力により全現代語訳が文庫版で登場。歴史への興味を倍加させる、現代文で読む古代史ファン待望の力作。

833・834

直木孝次郎著

日本神話と古代国家

記・紀編纂の過程で、日本の神話はどのような潤色を加えられたか……。天孫降臨や三種の神宝、ヤマトタケルなどの具体例をもとに、文献学的研究により日本の神話が古代国家の歴史と形成に果たした役割を究明。

928

宇治谷　孟訳

続日本紀《しょくにほんぎ》（上）（中）（下）全現代語訳

日本書紀に次ぐ勅撰史書の待望の全現代語訳。上巻は全四十巻のうち文武元年から天平十四年までの十四巻を収録。中巻は聖武・孝謙・淳仁天皇の時代を、巻三十からの下巻は称徳・光仁・桓武天皇の時代を収録した。

1030〜1032

所《ところ》　功《いさお》著

伊勢神宮

日本人にとって伊勢神宮とはいかなる処か。'93年は伊勢神宮の第61回の式年遷宮の年。二十年ごとの造替行事が千数百年も持続できたのはなぜか。世界にも稀な聖地といわれる神宮の歴史と日本人の英知を論述。

1068

上田正昭著

大和朝廷　古代王権の成立

大和朝廷が成立するまでを、邪馬台国を経て奈良盆地の三輪王権から河内王権への王朝交替説などで分析。葛城、蘇我や大伴、物部などの豪族と、大王家との権力争奪の実態を克明に解く。古代日本の王権確立の過程を解明した力作。

1191

R・フォーチュン著／三宅　馨訳（解説・白幡洋三郎）

幕末日本探訪記　江戸と北京

世界的プラントハンターの幕末日本探訪記。英国生まれの著名な園芸学者が幕末の長崎、江戸、北京を訪問。珍しい植物や風俗を旺盛な好奇心で紹介し、桜田門外の変や生麦事件の見聞も詳細に記した貴重な書。

1308

日本の歴史・地理

酒井シヅ著
病が語る日本史
古来、日本人はいかに病気と闘ってきたか。糖尿病に苦しんだ道長、ガンと闘った信玄や家康。糞石や古文書は何を語るのか。病という視点を軸に、歴史上の人物の逸話を交えて日本を通覧する、病気の文化史。

1886

網野善彦著（解説・大津　透）
日本の歴史00 「日本」とは何か
柔軟な発想と深い学識に支えられた網野史学の集大成。列島社会の成り立ちに関する常識や通説を覆し、日本のカタチを新たに描き切って反響を呼び起こした力作。本格的通史の劈頭、マニフェストたる一冊。

1900

岡村道雄著
日本の歴史01 縄文の生活誌
旧石器時代人の遊動生活から縄文人の定住生活へ。日本文化の基層を成した、自然の恵みとともにあった豊かな生活、そして生と死の実態を最新の発掘や研究の成果から活写。従来の古代観を一変させる考古の探究。

1901

寺沢　薫著
日本の歴史02 王権誕生
巨大墳丘墓、銅鐸のマツリ、その役割と意味とは？稲作伝来、そしてムラからクニ・国へと変貌していく弥生・古墳時代の実態と、王権誕生・確立へのダイナミックな歴史のうねり、列島最大のドラマを描く。

1902

熊谷公男著
日本の歴史03 大王《おおきみ》から天皇へ
王から神への飛躍はいかにしてなされたのか？なぜ天下を治める「大王」たちは朝鮮半島・大陸との貪欲な関係を持ったのか？仏教伝来、大化改新、壬申の乱……。試練が体制を強化し、「日本」が誕生した。

1903

渡辺晃宏著
日本の歴史04 平城京と木簡の世紀
日本が国家として成る奈良時代。大宝律令の制定、和同開珎の鋳造、遣唐使、平城宮遷都、東大寺大仏の建立……。木簡、発掘成果、文献史料を駆使して、日本型律令制成立への試行錯誤の百年を精密に読み直す。

1904

坂上康俊著
日本の歴史05
律令国家の転換と「日本」

藤原氏北家による摂関制度、伝統的郡司層の没落と国司長官の受領化――。律令国家の誕生から百年、国家体制は変容する。奈良末期～平安初期に展開した「古代の終わりの始まり」＝古代社会の再編を精緻に描く。

1905

大津　透著
日本の歴史06
道長と宮廷社会

平安時代中期、『源氏物語』などの古典はどうして生まれたのか。藤原道長はどのように権力を掌握したのか。貴族の日記や古文書の精緻な読解により宮廷を支えた国家システムを解明、貴族政治の合理性に迫る。

1906

下向井龍彦著
日本の歴史07
武士の成長と院政

律令国家から王朝国家への転換期、武装蜂起の鎮圧にあたる戦士として登場した武士。源氏と平氏の拮抗を演出し、強権を揮う「院」たち。権力闘争の軍事的決着に関与する武士は、いかに政権掌握に至ったのか。

1907

大津　透／大隅清陽／関　和彦／熊田亮介／丸山裕美子／上島　享／米谷匡史著
日本の歴史08
古代天皇制を考える

古代天皇の権力をはぐくみ、その権威を支えたものは何か。天皇以前＝大王の時代から貴族社会の成立、院政期までを視野に入れ、七人の研究者が、朝廷儀礼、天皇祭祀、文献史料の解読等からその実態に迫る。

1908

山本幸司著
日本の歴史09
頼朝の天下草創

幕府を開いた頼朝はなぜ政権を掌握できたのか。古代から中世へ、京都から東国へ、貴族から武士へ。幕府の職制、東国武士の特性、全国支配の地歩を固めた北条氏の功績など、歴史の大転換点の時代像を描く。

1909

筧《かけひ》　雅博著
日本の歴史10
蒙古襲来と徳政令

二度の蒙古来襲を乗り切った鎌倉幕府は、なぜ「極盛期」に崩壊したのか？　徳政令は衰退の兆しを示すものなのか。「御謀反」を企てた後醍醐天皇の確信とは――。鎌倉後期の時代像を塗り替える、画期的論考。

1910

日本の歴史・地理

吉田伸之著
日本の歴史17
成熟する江戸

十八世紀。豪商などが君臨する上層から、貧しい乞食僧や芸能者が身分的周縁を形作った最下層まで、さまざまな階層が溶け合う大都市・江戸。前近代の達成である成熟の諸相をミクロの視点で鮮やかに描き出す。

1917

井上勝生著
日本の歴史18
開国と幕末変革

十九世紀。一揆、打ち壊しが多発し、「開国」「尊皇」「攘夷」「倒幕」が入り乱れて時代は大きく動いた。幕府が倒壊への道を辿るなか、沸騰する民衆運動に着目し、世界史的視野と新史料で「維新前夜」を的確に描き出す。

1918

鬼頭　宏著
日本の歴史19
文明としての江戸システム

貨幣経済の発達、独自の〈物産複合〉、プロト工業化による地方の発展、人口の停滞と抑制——。環境調和的な近世社会のあり方が創出した緑の列島の持続的成長モデルに、成熟した脱近代社会へのヒントを探る。

1919

鈴木　淳著
日本の歴史20
維新の構想と展開

短期間で近代国家を作り上げた新政府は何をめざし、新たな政策・制度を伝達・徹底したか。五箇条の御誓文から帝国憲法発布までを舞台に、上からの変革と人人の自前の対応により形作られてゆく「明治」を活写。

1920

佐々木　隆著
日本の歴史21
明治人の力量

帝国憲法制定、議会政治の進展、条約改正、軍事力強化と朝鮮半島・大陸への関与など、西欧列強に伍する強国を目指した近代日本。帝国議会の攻防の日々や、調整者としての天皇など新知見を満載して実像に迫る。

1921

伊藤之雄著
日本の歴史22
政党政治と天皇

東アジアをめぐる国際環境のうねりのなか、近代日本の君主制は変容していった。その過程で庶民は何を感じ、どう行動したか。明治天皇の死から五・一五事件による政党政治の崩壊までを、斬新な視角で活写する。

1922

《講談社学術文庫　既刊より》

藤田　覚著
幕末の天皇
天皇の権威の強化を図った光格天皇、その志を継ぎカリスマにまで昇りつめた孝明天皇。幕末政治の表舞台に躍り出た両天皇の八十年間にわたる〝闘い〟に「江戸時代の天皇の枠組み」と近代天皇制の本質を追う。

2157

小菅桂子著
カレーライスの誕生
日本の「国民食」はどのようにして生まれたのか。近代黎明期、西洋料理としてわが国に紹介されたカレーの受容と、独自の発展を遂げる過程に秘められた人々の知恵と苦闘のドラマを活写する、異色の食文化史。

2159

内藤　昌著
江戸と江戸城
徳川家三代が急ピッチで作り上げた世界最大の都市・江戸は、「渦巻き構造」をもった稀有な都市である。古代～江戸への地理的・歴史的な成立過程を詳述し、その実態を物的証拠により解明した江戸論の基本図書。

2160

山室恭子著
中世のなかに生まれた近世
判物（サイン）から印判状（はんこ）へ。人格的支配から官僚制的支配へ。武田氏、今川氏、上杉氏、毛利氏など、戦国大名の発給した文書を解析し、東国と西国の違いを明らかにし、天下統一の内実に迫った力作。

2170

宇田川武久著
鉄炮伝来　兵器が語る近世の誕生
鉄炮を伝えたのはポルトガル人ではなかった！　戦国大名の贈答品から、合戦の主役へ、さらに砲術武芸の成立まで。歴史の流れを加速させた新兵器はいかに普及し、戦場を一変させたのか？　戦国史の常識を覆す。

2173

岡谷繁実著／北小路　健・中澤惠子訳
名将言行録　現代語訳
幕末の館林藩士・岡谷繁実によって編まれた、武将たちの逸話集。千二百をこえる膨大な諸書を渉猟して編纂された大著から戦国期の名将二十二人を抜粋、戦乱の世の雄たちの姿を、平易な現代語で読み解いてゆく。

2177

日本の歴史・地理

エドワード・S・モース著／石川欣一訳
日本その日その日
大森貝塚の発見者として知られるモースの日本滞在見聞録。科学者の鋭敏な眼差しを通して見た、近代最初期の日本の何気ない日常の営みや風俗を、異文化に触れる驚きや楽しさに満ちたスケッチと日記で伝える。

2178

粟屋憲太郎著
東京裁判への道
A級戦犯被告二十八人はいかに選ばれたのか？　昭和天皇不訴追の背景は？　無視された証言と証拠、近衛の自殺、木戸の大弁明……アメリカの膨大な尋問調書が明かす真実。第一人者による東京裁判研究の金字塔！

2179

貝塚爽平著
富士山の自然史
三つのプレートが出会う場所に、日本一の名峰は、そびえ立っている。日本・東京の地形の成り立ちと風景と足下に隠された自然史の読み方を平易に解説する。ロングセラー『東京の自然史』の入門・姉妹編登場。

2212

橋本一夫著
幻の東京オリンピック　１９４０年大会 招致から返上まで
関東大震災からの復興をアピールし、ヒトラーやムソリーニとの取引で招致に成功しながら、日中戦争勃発で返上を余儀なくされた一九四〇年の東京オリンピック。戦争と政治に翻弄された人々の苦闘と悲劇を描く。

2213

五味文彦著
鎌倉と京　武家政権と庶民世界
中世とは地方武士と都市庶民の時代だった。武家政権の誕生前夜から鎌倉幕府の終焉にかけての、生活の場とその場での営為を通して、自我がめざめた「個」の時代の相貌を探究。中世日本の実像が鮮やかに甦る。

2214

家近良樹著
江戸幕府崩壊　孝明天皇と「一会桑」
薩長を中心とする反幕府勢力が武力で倒幕を果たしたという常識は本当か。王政復古というクーデタ方式が採られた理由とは？　孝明天皇、一橋、会津、桑名藩という知られざる主役に光を当てた画期的な幕末史！

2221

侍従長の回想
藤田尚徳著（解説・保阪正康）

敗戦必至の状況に懊悩する昭和天皇。終戦の決断に至るまでに何があったのか。玉音放送、マッカーサーとの会見、そして退位論をめぐって示した君主としての姿勢とは。激動期に側近に侍した著者の稀有の証言。

2284

伊藤博文　近代日本を創った男
伊藤之雄著

討幕運動、条約改正、憲法制定、そして韓国統治と暗殺。近代国家を創設した最大の功労者の波乱の生涯と、「剛凌強直《ごうりょうきょうちょく》」たる真の姿を描き切る。従来の「悪役イメージ」を覆し、その人物像を一新させた話題の書。

2286

満鉄調査部
小林英夫著

戦時経済調査、満蒙・ソ連研究、華北分離政策などの活動実態から、関東憲兵隊との衝突、戦後日本の経済成長やアジア研究への貢献まで。満洲から国策を先導した、「元祖シンクタンク」満鉄調査部の全貌に迫る。

2290

徳富蘇峰　終戦後日記　『頑蘇夢物語』
徳富蘇峰著（解説・御厨　貴）

占領下にあっても近代日本最大の言論人は書き続ける。封印された第一級史料には、無条件降伏への憤り、昭和天皇への苦言、東條・近衛ら元首相への批判と大戦の行方を見誤った悔悟の念が赤裸々に綴られていた！

2300

大政翼賛会への道　近衛新体制
伊藤　隆著

太平洋戦争前夜、無血革命に奔った群像！　憲法の改正や弾力的運用で政治・経済・社会体制の変革と一党支配を目指した新体制運動。これを推進した左右の革新派の思惑と、彼らが担いだ近衛文麿の行動を追跡。

2340

秩禄処分《ちつろくしょぶん》　明治維新と武家の解体
落合弘樹著

明治九年（一八七六）、ついに〈武士〉という身分が消滅した！　支配身分の特権はいかにして解消され、没落した士族たちは、この苦境にどう立ち向かっていったのか。維新期最大の改革はなぜ成功したかを問う。

2341

日本の歴史・地理

女官 明治宮中出仕の記
山川三千子著（解説・原　武史）
明治四十二年、十八歳で宮中に出仕した華族・久世家の長女の回想記。「雀」と呼ばれた著者は、明治天皇夫妻の睦まじい様子に触れ、皇太子嘉仁の意外な振る舞いに戸惑う。明治宮中の闇をあぶりだす一級資料。
2376

ベルギー大使の見た戦前日本 バッソンピエール回想録
アルベール・ド・バッソンピエール著／磯見辰典訳
関東大震災、大正の終焉と昭和天皇即位の大礼、満洲事変、相次ぐ要人へのテロ……。駐在して十八年、練達の外交官の目に極東の「日出ずる帝国」とその指導層はどう映じたのか。「戦前」を知る比類なき証言。
2380

江戸開幕
藤井讓治著
幕府の基礎を固めた家康、秀忠、家光の徳川三代。外様大名対策、史上初の朝廷支配、キリシタン禁制と鎖国、老中制の確立……。二百六十余年にわたる太平を生み出した強固な体制の成立と構造を解明した名著。
2384

江戸の大普請 徳川都市計画の詩学
タイモン・スクリーチ著／森下正昭訳（解説・田中優子）
徳川家は、千年の雅都・京に負けない町を作り出したかった。壮麗な日本橋は、経済の象徴「金座」、時を支配する「時の鐘」を従える。江戸の風景を再現し、その意図を解読する。格好の江戸散策手引書です。
2446

日本の土偶
江坂輝彌《てるや》著（序文　サイモン・ケイナー）
「土偶」は年代・地域により大きく違う。どこから来て、どのように変容したのか。三〇〇点以上の図版で一万年の歴史を立体的に解説。稲作が広がる前の列島の景色や縄文人の世界観を想起させる、伝説的名著。
2474

歴史のかげに美食あり 日本饗宴外交史
黒岩比佐子著
ペリー、明治天皇、ニコライ皇太子、伊藤博文……近代日本の運命は、食卓で決まった！　幕末から明治末まで大事件の主役たちを悩ませた「おもてなし」。当時のメニューを細見し、食の視点から歴史を読み直す。
2477

日本の歴史・地理

大津　透著
天皇の歴史1　神話から歴史へ

「日本」と「天皇」は、どちらが先に誕生したのか？卑弥呼と「倭の五王」に遡り、『古事記』『日本書紀』が描く神話の解読と考古学の最新成果から、神武以降の天皇を検証する。大化の改新、律令国家の形成まで。

2481

吉川真司著
天皇の歴史2　聖武天皇と仏都平城京

人々の期待とともに即位した聖武天皇を待ち受けていたのは、相次ぐ天災と政変、疫病の大流行だった。苦悩する天皇は仏教に帰依し、平城京は仏都の彩りを濃くしていく。波乱の生涯と、宮都の実像を活写する。

2482

佐々木恵介著
天皇の歴史3　天皇と摂政・関白

天皇と摂関は、対立していたのか？　菅原道真の怨霊問題、醍醐・村上天皇の「延喜・天暦の治」、そして藤原道長の栄華。王権をめぐる姻戚関係を藤原氏が支配するなかで、天皇のみがなしえたこととは何か。

2483

河内祥輔／新田一郎著
天皇の歴史4　天皇と中世の武家

最も重視された皇統の理念「正統《しょうとう》」とは何か？　源平争乱と承久の乱、皇統分裂、後醍醐天皇の倒幕運動。天皇と武家が共同で支配する「朝廷・幕府体制」の曲折をたどり、足利義満の権力構想を解明する。

2484

藤井讓治著
天皇の歴史5　天皇と天下人

天下布武を目指して上洛した織田信長。皇居の「北京移転」を目論んだ豊臣秀吉。巧みに朝廷に介入し、江戸に幕府を開いた徳川家康。三人の天下人と対峙し格闘した三人の天皇、正親町・後陽成・後水尾の実像。

2485

藤田　覚著
天皇の歴史6　江戸時代の天皇

無力の天皇が君主の実権を握ったのはなぜか。学問で権威を高め、飢饉で幕府に救い米を出させた光格天皇。幕府からも反幕府勢力からも担がれて、高い政治的権威を得た孝明天皇。一五人の天皇の屈辱と抵抗。

2486

日本の歴史・地理

西川　誠著
天皇の歴史7　明治天皇の大日本帝国

明治天皇は薩長の「操り人形」だったのか？　幕末の混乱の中で一六歳で皇位に就き、復古と欧化を決断した帝は、ついに国民の前に姿を現す。国家とともに成長し「建国の父祖」の一員となった大帝の実像。

2487

加藤陽子著
天皇の歴史8　昭和天皇と戦争の世紀

一九〇一年、明治天皇の初皇孫として生まれた迪宮裕仁は、生涯に三度、焦土に立つ運命にあった。昭和の戦争は、平成の天皇に何を残したのか――。戦後昭和から平成までの「象徴天皇の時代」を大幅加筆！

2488

小倉慈司／山口輝臣著
天皇の歴史9　天皇と宗教

天皇とは、神か、祭祀王か、仏教者か。伊勢神宮と大嘗祭の起源、神祇制度の変遷など、知られざる側面を探究。古代の祭りから、仏教に染まった中近世、現代の宮中祭祀まで。皇族に信教の自由はあるのか？

2489

渡部泰明／阿部泰郎／鈴木健一／松澤克行著
天皇の歴史10　天皇と芸能

天皇家の権威の源泉は、武力でも財力でもなく、「芸能」にあった。和歌・管絃を極め、茶の湯や立花に励み、和漢の学問と文化の力で一五〇〇年を生き延びてきた天皇の歴史から、日本文化の深層が見えてくる。

2490

石井寛治著
明治維新史　自力工業化の奇跡

倒幕を果たした維新の志士と産業の近代化に歩みだした豪商農を支えた「独立の精神」。黒船来航から西南戦争まで、新しい国のかたちを模索した時代を政治、社会、経済、産業と立体的な視点から活写する。

2494

佐藤弘夫著
「神国」日本　記紀から中世、そしてナショナリズムへ

「神国」思想は、日本の優越性を表すものでも、排他的なものでもなかった。神国思想の形成過程と論理構造を解読し、近世・近代への変遷を追う千年の精神史。既成概念を鮮やかに覆す思想史研究の意欲的な挑戦！

2510

日本の歴史・地理

井上寿一著
日中戦争 前線と銃後
意図せずして戦端が開かれ、際限なく拡大する戦争。そこに労働者も農民も地位向上の希望を賭け、兵士は国家改造の夢を託す。そして国民の熱狂は大政翼賛会を生み出した。多彩な史料で描く戦時下日本の実像。

2518

神田千里著
島原の乱 キリシタン信仰と武装蜂起
関ヶ原合戦から約四十年、幕府を震撼させた大蜂起はなぜ、いかにして起きたか。「抵抗」「殉教」の論理だけでは説明できない核心は何か。壮絶な宗教一揆の実相を描き出し、歴史的意味を深く問う決定的論考。

2522

坊城俊良著（解説・原武史）
宮中五十年
著者は伯爵家に生まれ、明治三五年、宮中に召し出された。一〇歳の少年が間近に接した明治天皇は、厳しく几帳面ながら優しい思いやりを見せる。大帝崩御の後も昭憲皇太后、貞明皇后らに仕えた半世紀の回想。

2527

ジョン万次郎述／河田小龍記／谷村鯛夢訳／北代淳二監修
漂《ひょう》巽《そん》紀《き》畧《りゃく》 全現代語訳
土佐の若き漁師がアメリカに渡り「西洋近代」と出会った。鉄道、建築、戦争、経済、教育、民主主義……幕末維新に大きな影響を与えた「ジョン・マン」の奇跡的な記録。信頼性が高い写本を完全現代語訳に。

2536

山田孝雄著（解説・鈴木健一）
君が代の歴史
古今和歌集にあったよみ人しらずの「あの歌」は、いかにして国歌になったのか。種々の史料から和歌としてのなりたちと楽曲としての沿革の両面でたどる。「最後の国学者」が戦後十年を経て遺した真摯な追跡。

2540

大橋幸泰著
潜伏キリシタン 江戸時代の禁教政策と民衆
近世では一部のキリシタンは模範的な百姓として許容され、本当の悲劇は、近代の解放後に起こった。近世の宗教弾圧を検証し、「隠れ切支丹」の虚像を覆す。大浦天主堂の「信徒発見の奇跡」は何を物語るのか。

2546

外池　昇著
天皇陵　「聖域」の歴史学

二〇一九年、世界遺産に登録された百舌鳥・古市古墳群。巨大古墳はなぜ、仁徳陵とされたのか。幕末以降の「天皇陵決定」の歴史を解明し、近世・近代史研究の立場からあらゆる論点を検証。「歴代天皇陵一覧」を掲載。

2585

網野善彦／石井　進／笠松宏至／勝俣鎮夫著（解説・桜井英治）
中世の罪と罰

悪口は流罪、盗みは死罪……時に荒々しくも理不尽にも思える中世人の法意識とは？　十篇の珠玉の論考から、時の彼方に失われた不思議な中世日本の姿が見えてくる。稀代の歴史家たちによる伝説的名著！

2588

関　幸彦著
英雄伝説の日本史

平将門、藘屋道満、菅原道真ら歴史の敗者は、いかに語り継がれ、時代を超えて蘇ったか。古典文学から近代の国定教科書まで、伝説の中に中世史の再発見を試みる。義経は、こうしてチンギスハンになった！

2592

森　茂暁著
南朝全史　大覚寺統から後南朝へ

謎多き南朝。その実像は、政治・文化的実体をともなった本格政権だった。幕府に対し劣勢に立ちながら長きにわたり存続できたのはなぜか。厖大な史料を博捜し、大覚寺統から後南朝まで三百年を描き切る決定版。

2604

藪田　貫著
武士の町　大坂　「天下の台所」の侍たち

「天下の台所」は町人だけのものではなかった！　大坂城や町奉行所で多くの武士たちが仕事をし、生活を楽しみ、そして歴史を動かしていた。日記や文書、絵図面など多彩な史料を駆使して描き出す快心作！

2614

井上鋭夫著（解説・山田邦明）
上杉謙信

やがて信長をも破った「越後の龍」はどのように歴史の表舞台に躍り出たのか。国衆に手を焼きながらも強国へとまとめあげていく波瀾万丈の生涯を、達意の文体であざやかに活写する。謙信伝の古典的名著！

2621

日本の歴史・地理

坂本太郎著（解説・五味文彦）
日本の修史と史学　歴史書の歴史
『古事記』、『日本書紀』から明治政府の編纂事業に至るまで、歴史書の特色を明快に紹介しつつ、一三〇〇年の歴史叙述変遷の軌跡を描き出す。戦後日本史学の礎を築いた著者による、第一級の史学入門！

2623

臼井勝美著
満州事変　戦争と外交と
「満州国」成立直前——流血の大地で何が起こっていたのか。排華暴動、日本商品ボイコットなど緊迫する大陸の様相を丹念に追い、泥沼の十五年戦争の端緒を克明に描き出す。日中外交史の古典的名著。

2626

堀越正雄著
江戸・東京水道史
膨張を続ける街は常に水不足と闘っていた。家康入城から淀橋浄水場が役目を終える昭和まで、治水を通して技術の進化と市民生活の変貌を描く。東京都水道局で実務に携わった著者渾身の「水道の文化史」。

2629

原　武史著（解説・鹿島　茂）
「民都」大阪対「帝都」東京　思想としての関西私鉄
小林一三は、「政治中心」の東京に対して、大阪を「民衆の大都会」と呼んだ。帝都を凌駕する「民衆の都」はいかにして創出されたか？　関西私鉄を媒介として日本近代思想史を見事に描ききった著者代表作。

2631

榎本　渉著
僧侶と海商たちの東シナ海
利を求め危険を顧みずに海を闊歩する海商たち、その助力を得て最新知見を求めて大陸へ渡った僧侶たち。列島を「外」と繋いだ彼らの足跡から海域交流の実相に迫り、歴史世界としての東シナ海を描き出す！

2632

藤田　覚著
〈名奉行〉の力量　江戸世相史話
与力が語った意外な「名奉行」の力量とは？　将軍吉宗の肉声から年利一二〇〇％の超高利金融の実態まで、第一人者が知られざる江戸のリアルを描く。読めばもっと江戸が好きになる珠玉の掌編の数々！

2643